개정판 발행일 | 2024년 11월 20일
지은이 | 해람북스 기획팀
발행인 | 최용섭
책임편집 | 이준우
기획진행 | 김미경

㈜해람북스   **주소** | 서울시 용산구 한남대로 11길 12, 6층
문의전화 | 02-6337-5419
팩스 | 02-6337-5429
홈페이지 | https://class.edupartner.co.kr

발행처 | (주)미래엔에듀파트너
출판등록번호 | 제2020-000101호
ISBN 979-11-6571-214-3 (13000)

이 책은 저작권법에 따라 보호받는 저작물이므로 무단전재와 무단복제를 금지하며,
이 책 내용의 전부 또는 일부를 이용하려면 반드시 저작권자와 (주)미래엔에듀파트너의 서면동의를 받아야 합니다.

※ 잘못된 책은 바꾸어 드립니다.
※ 책 가격은 뒷면에 있습니다.

또롱또롱 캐릭터

푸딩

- **종류** : 여우
- **성격** : 평화주의자, 온화함, 포용적
- **소개** : 웅이 & 짹짹이와 함께 OA 여행을 하는 귀여운 여우로, 웅이와 짹짹이를 도와 친구들이 즐겁게 OA 여행을 완료할 수 있도록 도와주는 친구예요. 풍성한 꼬리가 매력 포인트인 친구로, OA 여행 중인 친구들이 어려움에 처할 때면 온화한 마음으로 지혜롭게 문제를 해결해 줘요.

짹짹이

- **종류** : 파랑새
- **성격** : 호기심 많은 장난꾸러기, 상상력 풍부, 의욕 과다
- **소개** : 호기심이 많아 어디를 여행하든 즐거움 가득! 웅이, 푸딩이와 함께 OA 여행을 하며 이곳 저곳을 구경하는 것을 좋아해요. 항상 기타를 치며 노래를 부르고 있어 주변에 관심이 없어 보이지만 친구들이 미션 해결에 어려움을 겪고 있을 땐 어디선가 나타나 무심하게 힌트를 주고 사라진답니다.

웅이

- **종류** : 아기 불곰
- **성격** : 차분함, 똑부러짐, 협동심, 리더십
- **소개** : OA에 대해 모르는 것이 없는 아기 불곰 웅이! 동물 친구인 짹짹이, 그리고 푸딩이와 함께 OA 여행을 하며 어려움에 처한 친구들을 만나면 발 벗고 나서 도움을 주는 착한 친구예요. 친구들이 신나게 OA 여행을 즐길 수 있도록 꿀을 먹으며 계획 짜는 일을 즐기는 프로 계획러랍니다.

또롱또롱 구성

❶ 구글에서 제공하는 다양한 게임을 진행할 수 있어요.

❷ 오늘 배울 내용을 미리 확인할 수 있어요.

❸ 다양한 게임을 진행하며 오늘 배울 작품에 대해 알아보고 타자&마우스 연습도 할 수 있어요.

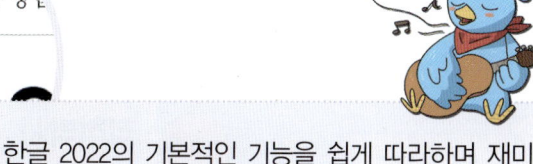

④ 한글 2022의 기본적인 기능을 쉽게 따라하며 재미있게 학습할 수 있어요.

⑤ 미션을 해결하기 위한 팁을 '웅이'가 친절하게 알려줘요.

⑥ 배운 내용 외에 다른 생각도 해볼 수 있도록 아이디어를 제공해요.

⑦ 앞서 따라해 보며 학습한 기능을 활용하여 나만의 작품을 만들 수 있어요.

⑧ '짹짹이'가 미션에 대한 힌트를 알려줘 쉽게 미션을 해결할 수 있어요.

또롱또롱 목차

01 와글와글 팩맨 이름 스티커

8

02 척척박사 10만들기 두뇌 게임

15

03 세균 소탕! 깨끗한 공룡 만들기

21

07 창의력 팡팡! 수학 문제 만들기
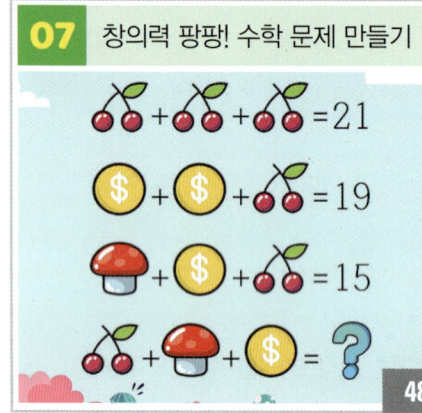
48

08 패션왕! 나만의 아바타 만들기

54

09 버블버블! 버블티 레시피 만들기
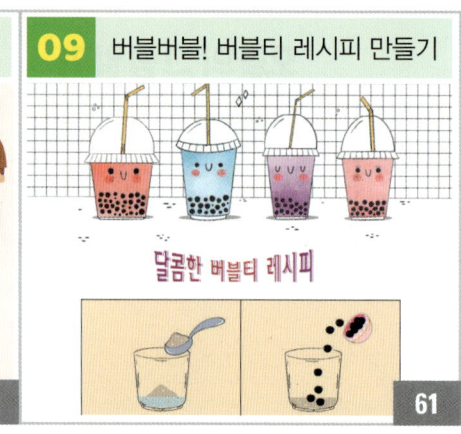
61

13 짝짝꿍! 귀여운 동물 짝꿍 찾기

89

14 떠나요~ 맛있는 피크닉

97

15 휘리릭! UFO 기사 편집하기
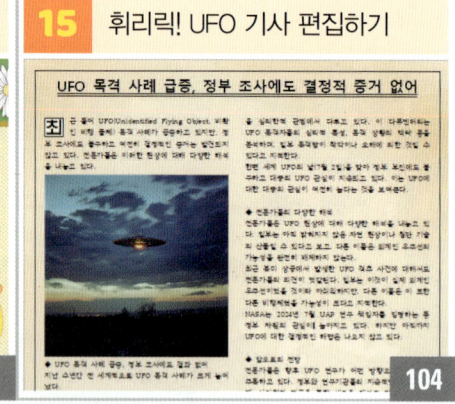
104

19 귀욤키친! 이모티콘 스티커 만들기

134

20 삐뚤빼뚤 개성 있는 얼굴 꾸미기

140

21 나무 가득! 칭찬 스티커 판 만들기
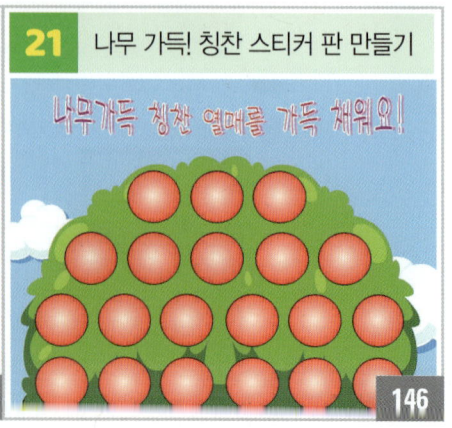
146

04 빡빡 대머리 산타 가발 선물하기	05 반짝반짝! 밤하늘 별자리 여행	06 몽글몽글 가족 소풍 일기장
 28	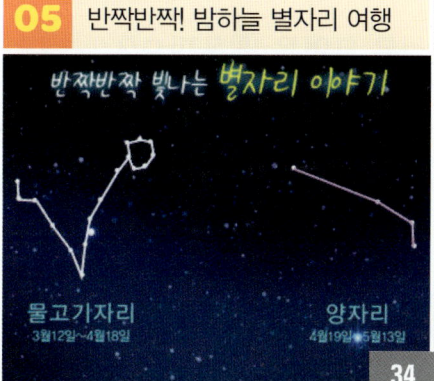 34	 41
10 지켜요! 지구의 날 포스터 만들기	11 랄랄라~! 어린이 작곡가	12 요로롱! 뱀돌이와 함께 쇼핑 카트 채우기
 68	 75	 82
16 소스 찹찹! 명랑한 핫도그 만들기	17 순발력 UP! 초밥 카드 보드게임	18 어디어디? 숨겨진 보물을 찾아라!
 111	 119	 127
22 꼬레아~ 월드컵 경기 결과표	23 축하해! 생일 축하 카드 만들기	24 요리조리 선물 찾기 코딩 대작전!
 152	 160	 169

Step 01 와글와글 팩맨 이름 스티커

오늘은 무엇을 배울까요?

- 파일을 불러와 쪽 맞춤을 설정하고 글상자에 이름을 입력해요.
- 글자 서식을 지정하고 완성한 작품을 저장해요.

구글 '쏙' 게임 놀이

1. 구글 팩맨 게임을 실행해요.
2. 유령을 피해 아이템을 획득하며 팩맨 게임을 진행해요.

한글 창작 놀이

● 예제 파일 : 01강 폴더   ● 완성 파일 : 01강 완성.hwpx

1. 글상자에 나의 이름을 입력하고 글자 서식을 지정해요.
2. 완성된 이름 스티커를 저장해요.

구글 '쏙' 팩맨 게임 진행하기

팩맨 게임에 접속해 유령을 피해 다니며 특별 아이템을 획득해 봐요.

01 팩맨 게임의 미션을 확인해 봐요.

미션 ❶	팩맨이 미로 안에서 모든 점들을 먹어 치우는 것이 가장 기본적인 미션이에요. 유령을 피해 쿠키를 모두 먹으면 다음 스테이지로 이동할 수 있어요.
미션 ❷	팩맨이 미로 안에서 돌아다니는 유령을 먹으면 점수를 얻을 수 있어요. 유령을 많이 먹으면 높은 점수를 받을 수 있어요.
미션 ❸	미로 안에는 특별한 파워 팩이 있어요. 팩맨이 파워 팩을 먹으면 일정 시간 동안 유령들을 먹을 수 있어요. 이때는 유령들도 도망가지 않고 팩맨을 따라와요.
미션 ❹	어떤 미션에서는 일정 점수 이상을 달성해야 해요. 점들과 유령을 먹어치워 점수를 획득해 봐요.
미션 ❺	어떤 미션에서는 특정 스테이지까지 도달해야 해요. 스테이지가 올라갈수록 미로가 복잡해지고 유령들도 더 많아져요.

02 '01강 팩맨' 파일을 더블클릭하여 '팩맨' 게임을 실행하고 미션을 해결해 봐요.

❶ 팩맨 게임 실행하기

❷ ↑, ↓, ←, → 키 이용하여 게임 진행하기

구글 '팩맨' 게임

구글 팩맨 게임은 2010년 팩맨 게임의 30주년을 기념하기 위해 구글이 만든 아케이드 게임으로, 노란색 팩맨이 미로를 돌아다니며 유령을 피하며 점들을 먹는 간단한 게임이에요. 미로 일부를 이루는 구글 로고나 유령을 먹을 수 있는 파워 팩과 같은 구글식 재미난 요소들도 가지고 있어요. 팩맨이 유령에게 잡혀 목숨을 모두 쓰거나 모든 레벨을 클리어할 때까지 계속 플레이 해보세요.

한글 2022 화면 구성 알아보기

한글 2022를 실행하고 한글 2022의 화면 구성을 살펴봐요.

01 바탕화면의 한글 프로그램(📘)을 더블클릭하여 실행한 후 화면 구성을 살펴봐요.

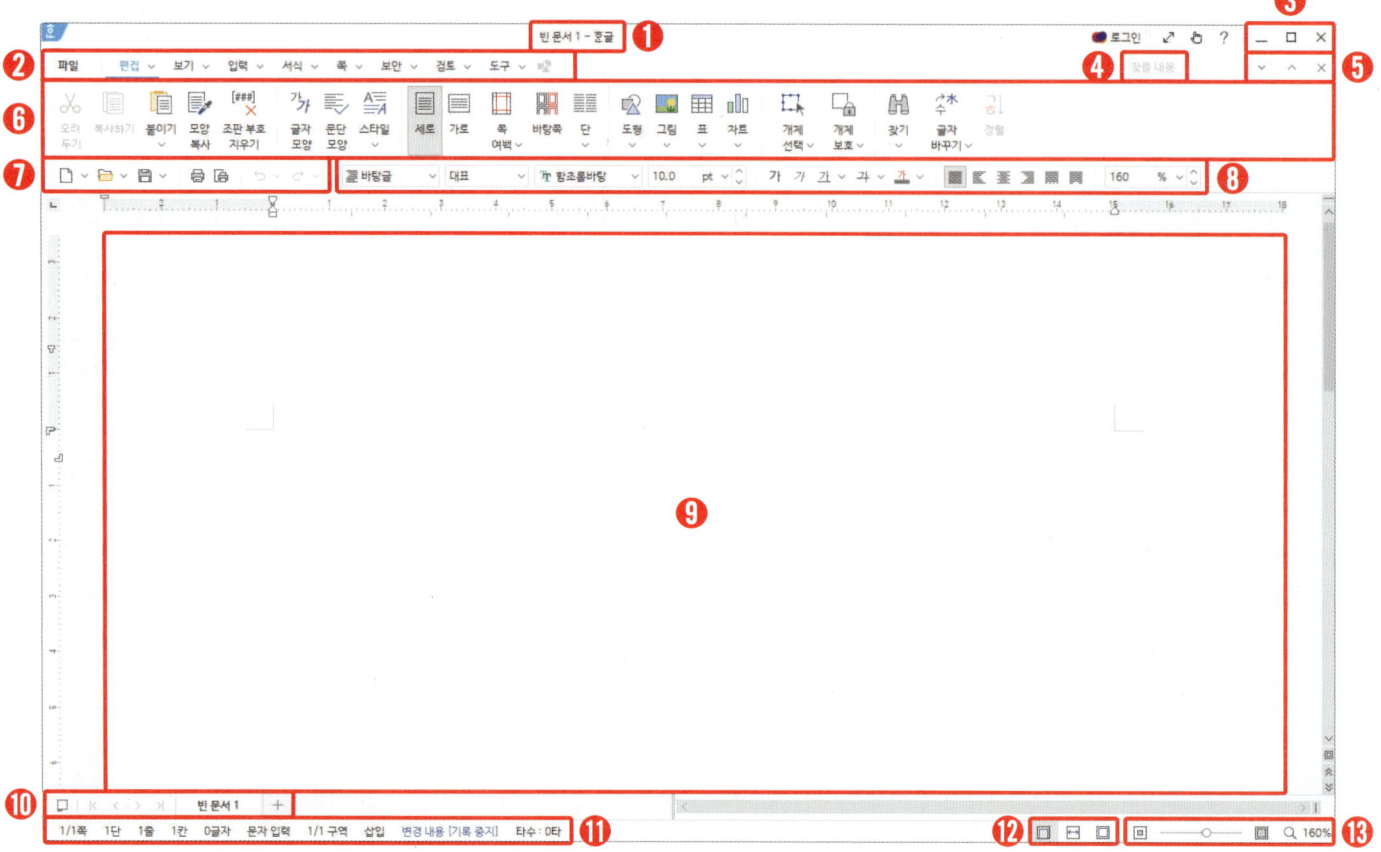

❶ **제목 표시줄** : 현재 열린 문서의 제목과 파일 경로가 표시돼요.

❷ **메뉴 표시줄** : 파일, 편집, 보기, 입력, 서식, 도움말 등의 메뉴 항목이 있어요.

❸ **창 조절 단추** : 창을 최소화, 최대화하거나 닫을 수 있어요.

❹ **찾기 기능** : 문서 내에서 단어나 문장을 찾을 수 있어요.

❺ **리본 메뉴 축소** : 리본 메뉴를 숨기거나 나타내요.

❻ **리본 메뉴** : 사용자가 알아보기 쉬운 그림으로 도구가 표시돼요.

❼ **빠른 실행 도구 모음** : 자주 쓰는 도구가 모여 있는 메뉴로 사용자가 필요한 메뉴를 추가할 수 있어요.

❽ **서식 도구 상자** : 문서 서식에 관련된 도구들이 표시돼요.

❾ **본문 편집 창** : 본문을 편집하는 곳이에요.

❿ **문서 탭** : 여러 개의 문서를 동시에 열어 탭으로 관리할 수 있어요.

⓫ **상황선** : 문서의 페이지 번호, 단어 수, 줄 수 등의 정보를 확인할 수 있어요.

⓬ **화면 보기 단추** : 쪽 윤곽, 폭 맞춤, 쪽 맞춤으로 보기 방식을 변경할 수 있어요.

⓭ **화면 확대/축소** : 문서 화면의 크기를 조절할 수 있어요.

미션 02 파일 불러와 쪽 맞춤 설정하기

실습 파일을 불러와 쪽 맞춤을 설정해 봐요.

01 한글 프로그램(⬛)을 실행한 후 [파일] 탭-[불러오기]를 클릭하여 [불러오기] 대화상자가 나타나면 '01강 예제.hwpx' 파일을 불러와요.

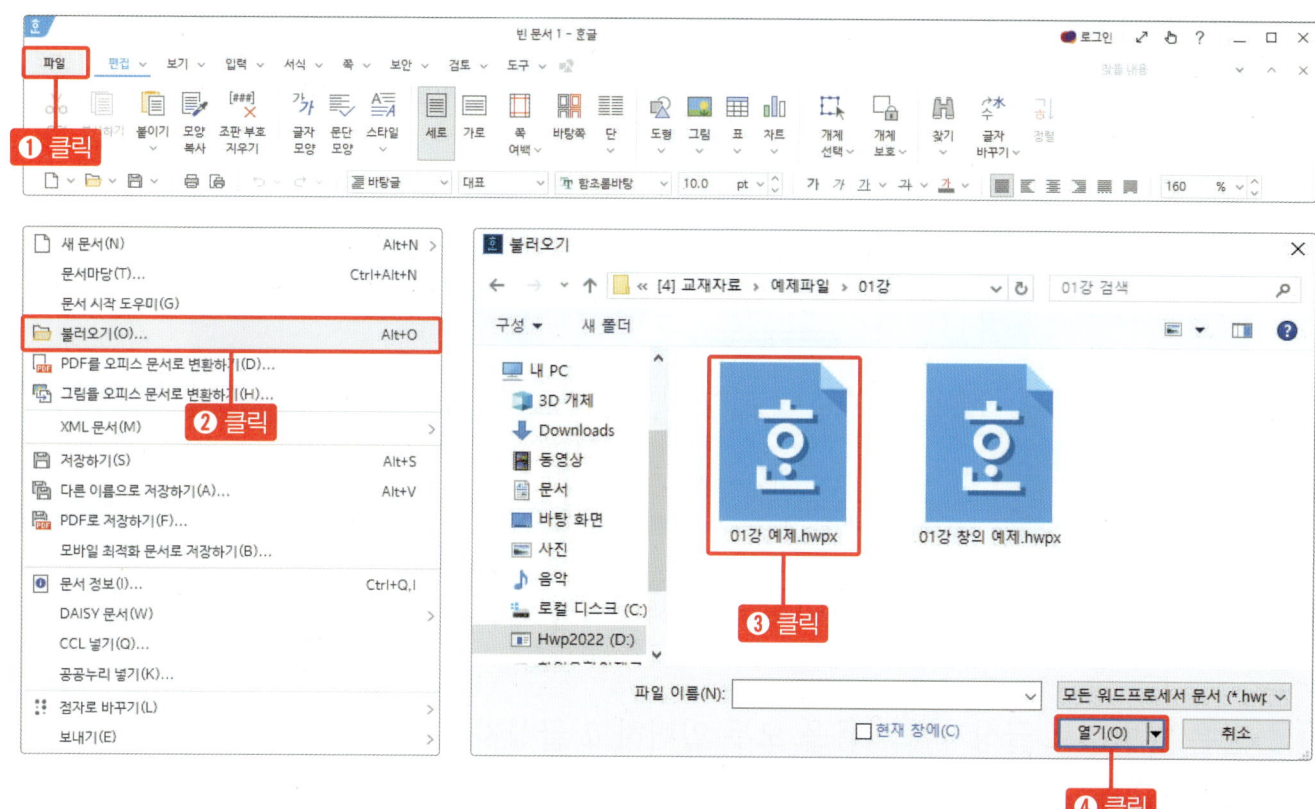

02 파일이 열리면 오른쪽 하단의 [쪽 맞춤(⬜)]을 클릭해요.

뭉이's tip
쪽 맞춤은 문서를 쪽에 맞춰 보여주는 기능으로, 인쇄하기 전 미리 보기와 비슷한 기능이에요.

Step 01. 와글와글 팩맨 이름 스티커 **11**

 ## 글상자에 이름 입력하고 서식 지정하기

글상자에 이름을 입력하고 글자 서식을 지정한 후 완성된 작품을 저장해 봐요.

01 '이곳을 마우스로 누르고 내용을 입력하세요.' 글상자를 클릭해 본인의 '학년', '반', '이름'을 입력해요.

 친구에게 이름 스티커를 선물하고 싶다면 친구의 이름을 입력해도 좋아요.

02 같은 방법으로 글상자에 이름을 모두 입력하고 글상자를 클릭해요.

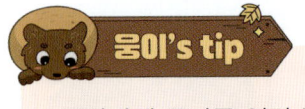 뭉이's tip

글상자에 글자를 입력 중일 때는 꺾쇠가 나타나고, 글상자를 선택하면 조절점이 나타나요.

[글자 입력 중일 때]   [글상자 선택했을 때]

03 서식 도구 상자에서 글꼴과 글꼴 크기를 변경해요.

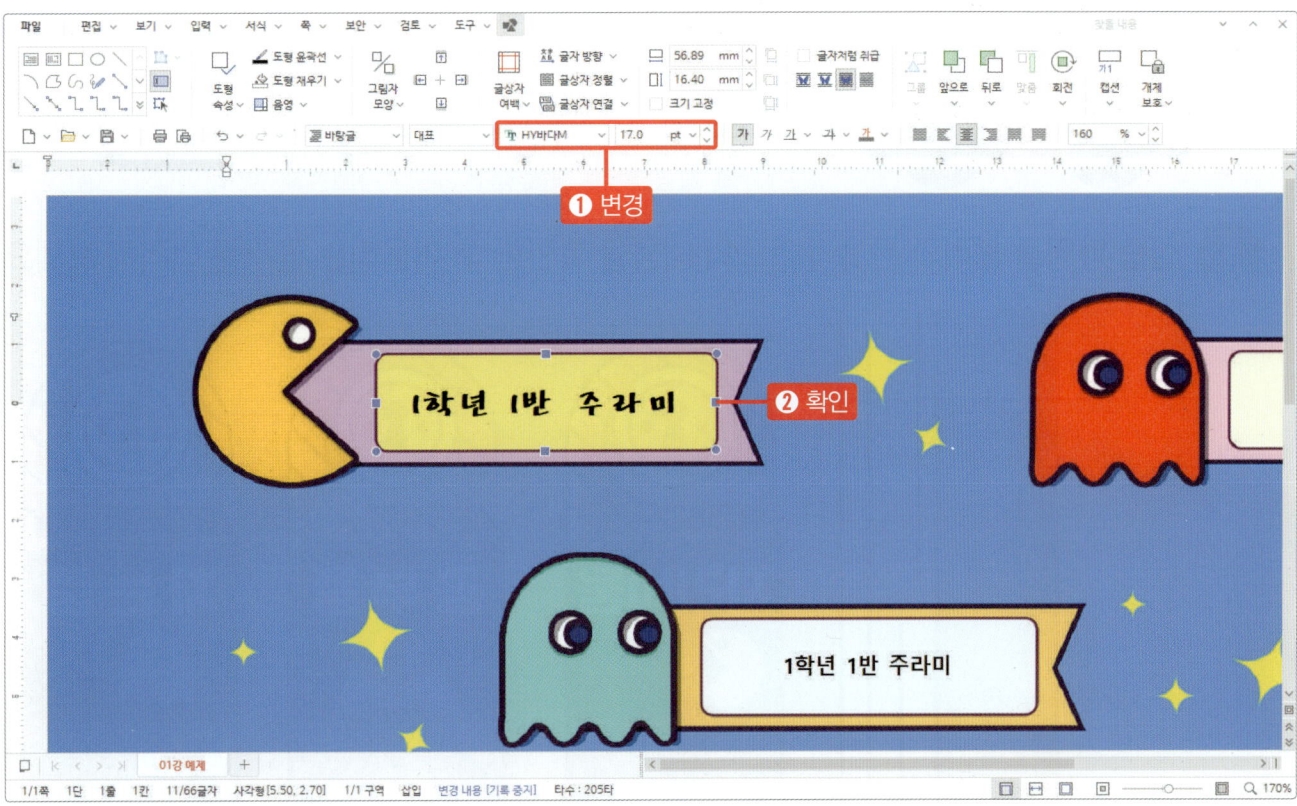

04 같은 방법으로 나머지 글상자도 자유롭게 글자 서식을 지정한 후 [파일] 탭-[다른 이름으로 저장하기]를 클릭하여 [다른 이름으로 저장하기] 창이 나타나면 저장 위치와 파일 이름('와글와글 이름 스티커')을 입력한 후 [저장]을 클릭해요.

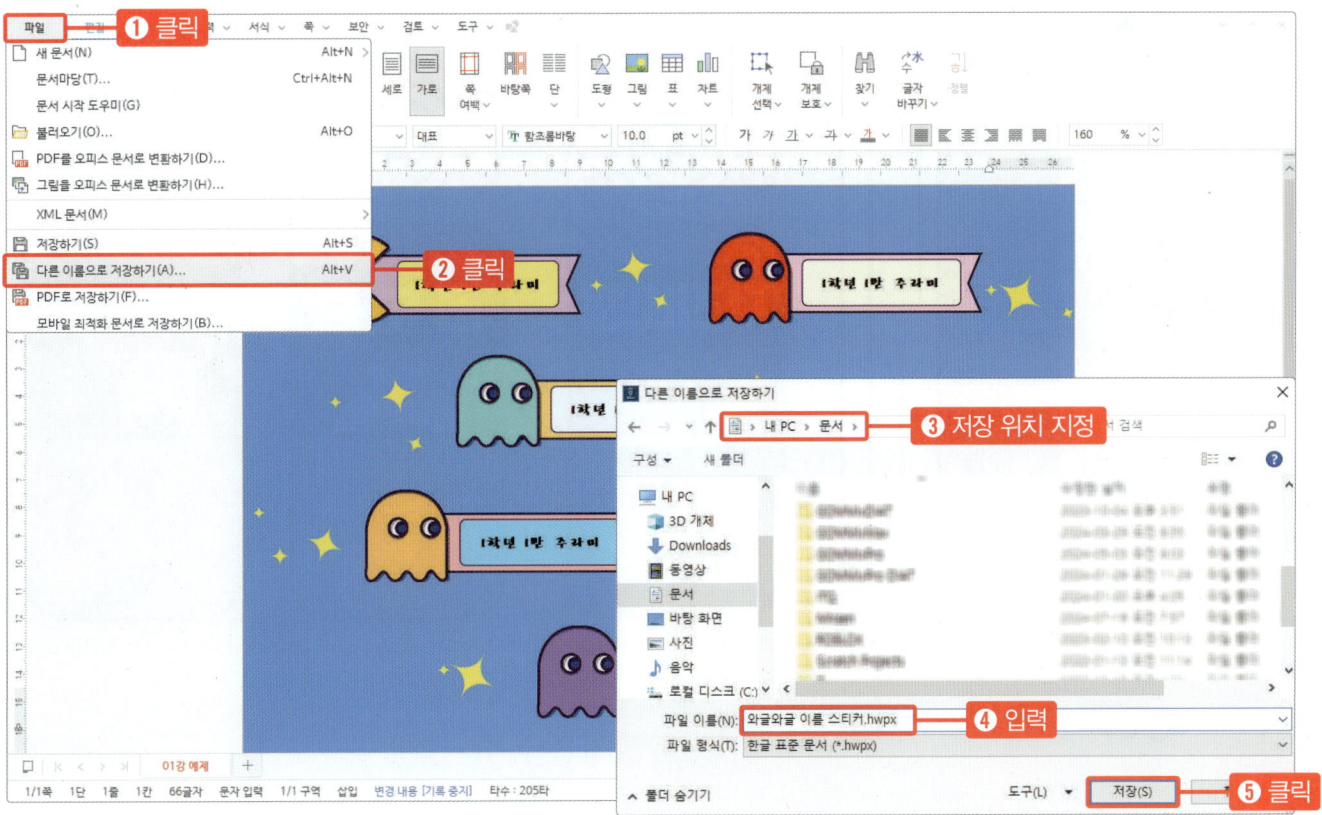

Step 01. 와글와글 팩맨 이름 스티커 13

생각 쑥쑥 실력 쑥쑥

▶ 예제 파일 : 어강 폴더   ▶ 완성 파일 : 어강 창의 완성.hwpx

1. 실습 파일을 불러와 문고리 카드의 내용을 확인한 후 어울리는 글자를 입력해 보세요.

2. 입력한 글자의 서식을 변경해 보세요.

짹짹힌트 글자의 색상도 자유롭게 변경해 보세요.

Step 02 척척박사 10만들기 두뇌 게임

오늘은 무엇을 배울까요?

- 셀에 색을 채우고 테두리 서식을 지정해요.
- 셀에 숫자를 입력하고 글자 서식을 지정해요.

구글 '쏙' 게임 놀이

1. 구글 2048 게임을 실행해요.
2. 게임판에 있는 타일들을 합쳐 2048 타일을 만들어요.

한글 창작 놀이

● 예제 파일 : 02강 폴더   ● 완성 파일 : 02강 완성.hwpx

1. 셀에 색상을 채우고 테두리 서식을 지정해요.
2. 셀에 숫자를 입력하고 글자 서식을 지정해요.

Step 02. 척척박사 10만들기 두뇌 게임

구글 '쏙' 2048 게임 진행하기

2048 게임을 실행해 게임판에 있는 타일들을 합쳐 2048 타일을 만들어 봐요.

'02강 2048' 파일을 더블클릭하여 '2048' 게임을 실행하고 게임을 진행해 봐요.

❶ 2048 게임 실행하기

❷ ↑, ↓, ←, → 키 이용하여 게임 진행하기

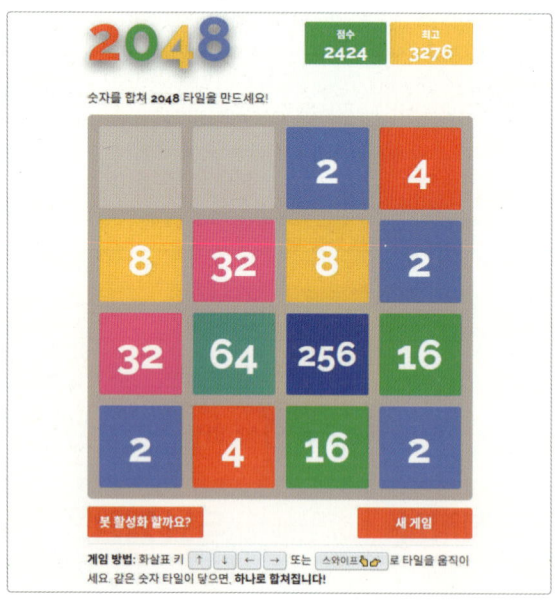

❸ 게임판에 타일이 모두 차지 않도록 타일을 합치며 큰 숫자 만들기

❹ 2048 타일을 만들 때까지 게임 진행하기

구글 '2048' 게임

'2048' 게임은 이탈리아 웹 개발자가 개발한 싱글 플레이어 게임으로 슬라이딩 블록 퍼즐 게임이에요. 격자 위에 나타난 타일을 이리 저리 움직여 '2048'이라는 타일을 만들어 내는 것이 목표예요.

10 만들기 두뇌 게임판 만들기

표 스타일을 변경하고 셀에 숫자를 입력해 10 만들기 두뇌 게임판을 만들어 봐요.

01 한글 프로그램()을 실행한 후 [파일] 탭-[불러오기]를 클릭하여 [불러오기] 대화상자가 나타나면 '02강 예제.hwpx' 파일을 불러와요.

02 마우스를 드래그하여 표의 첫 번째 셀부터 마지막 셀까지 선택하고 [표 디자인()] 탭-[표 채우기]를 클릭한 후 '하양'을 선택해요.

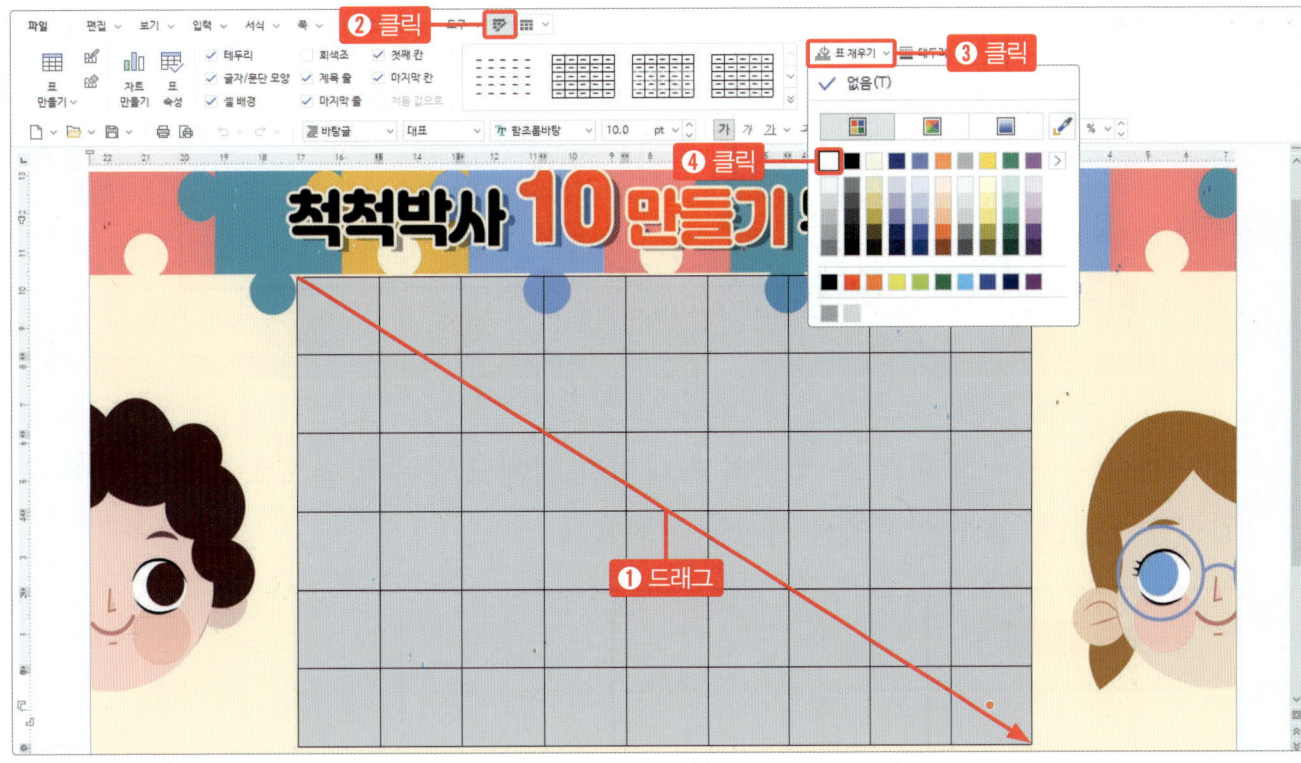

03 그림과 같이 셀을 영역 지정하고 [표 디자인()] 탭-[테두리 굵기]-[0.7mm]를 선택한 후 [테두리]-[바깥쪽 테두리]를 클릭해요.

04 03과 같은 방법으로 그림과 같이 나머지 셀에도 굵은 테두리를 적용해요.

05 첫 번째 셀을 클릭하여 "5"를 입력하고 나머지 셀에도 같은 방법으로 그림과 같이 숫자를 입력한 후 서식 도구 상자에서 서식을 지정해요.

미션 02: 10 만들기 두뇌 게임 진행하기

완성한 10 만들기 두뇌 게임을 풀며 게임을 진행해 봐요.

01 10 만들기 두뇌 게임의 게임 방법을 확인해 봐요.

미션 ❶	영역 안에서 0부터 9까지의 숫자를 사용하여 10을 만들 수 있는 다양한 조합을 찾아요.
미션 ❷	예를 들어, 1+3+6, 2+8+0, 3+5+2 등의 조합으로 10을 만들어요.
미션 ❸	영역 안쪽의 숫자의 합이 10이 되도록 만들어요.

02 친구들과 10 만들기 두뇌 게임을 진행해 봐요.

 10을 만든 셀은 표 채우기 색을 적용해 가며 게임을 진행해 보세요.

생각 쑥쑥 실력 쑥쑥

▶ 예제 파일 : 02강 폴더   ▶ 완성 파일 : 02강 창의 완성.hwpx

1 실습 파일을 불러와 표 채우기와 테두리 서식을 지정하고 알파벳을 입력해 보세요.

2 입력한 알파벳의 글자 서식을 변경하고 숨어 있는 영어 단어를 찾아 보세요.

짹짹힌트 셀에 채우기 색을 적용해 가며 숨어 있는 영어 단어를 찾아 보세요.

Step 03 세균 소탕! 깨끗한 공룡 만들기

오늘은 무엇을 배울까요?

- 개체를 다양한 방법으로 삭제하고 도형의 채우기 색을 변경해요.
- 도형을 복제하고 크기를 조절해 공룡의 이빨을 만들어요.

구글 '쏙' 게임 놀이

1. 구글 3D 티렉스 공룡 게임을 실행해요.
2. 점점 빨라지는 장애물을 피하며 멀리 달려가요.

한글 창작 놀이

● 예제 파일 : 03강 폴더   ● 완성 파일 : 03강 완성.hwpx

1. 개체를 삭제하여 공룡의 입속 세균을 모두 없애요.
2. 도형의 채우기 색을 변경하고 복제하여 깨끗한 이빨을 만들어요.

 ## 구글 '쏙' 3D 티렉스 공룡 게임 진행하기

3D 티렉스 공룡 게임을 실행해 공룡이 점점 빨라지는 장애물을 피해 멀리 달려갈 수 있도록 해봐요.

01 3D 티렉스 공룡 게임의 미션을 확인해 봐요.

미션 ❶	공룡이 장애물을 피해 최대한 멀리 달려가도록 하는 것이 목표예요.
미션 ❷	공룡을 조종하여 선인장, 새, 기타 장애물을 피해 멀리 달려 보세요.
미션 ❸	장애물이 나타나면 점프하거나 몸을 낮춰 장애물을 피해야 해요.

02 '03강 3D 티렉스 공룡' 파일을 더블클릭하여 '3D 티렉스 공룡' 게임을 실행하고 게임을 진행해 봐요.

❶ 3D 티렉스 공룡 게임 실행하기

❷ 달려가는 공룡 조종하며 게임 진행하기

❸ Space Bar 또는 ↑ 키 눌러 점프하기

❹ 마우스 클릭하거나 ↓ 키 눌러 자세 낮추기

다양한 방법으로 공룡 입속 세균 삭제하기

다양한 방법으로 공룡 입속의 세균을 삭제하여 깨끗한 공룡을 만들어 봐요.

01 한글 프로그램(호)을 실행한 후 [파일] 탭-[불러오기]를 클릭하여 [불러오기] 대화상자가 나타나면 '03강 예제.hwpx' 파일을 불러와요.

02 세균을 선택하고 마우스 오른쪽 버튼을 클릭한 후 [지우기]를 클릭하여 개체를 삭제해요.

03 다시 세균을 선택한 후 Delete 키를 눌러 개체를 삭제해요.

04 앞서 배운 방법으로 공룡 입속의 세균을 모두 제거해요.

도형 채우기 색 변경하여 공룡 이빨 만들기

도형의 채우기 색을 변경하고 도형을 복제하여 공룡에게 깨끗한 이빨을 만들어 줘요.

01 공룡의 이빨을 선택하고 [도형( )] 탭-[도형 채우기]를 클릭한 후 '하양'을 선택해요.

02 같은 방법으로 공룡의 이빨을 선택하고 채우기 색을 변경하여 깨끗한 이빨을 만들어요.

Shift 키를 누른 상태로 도형을 클릭하면 여러 도형을 한 번에 선택할 수 있어요.

03 공룡의 빠진 이빨을 채워주기 위해 이빨을 선택하고 Ctrl 키를 누른 상태로 드래그해요.

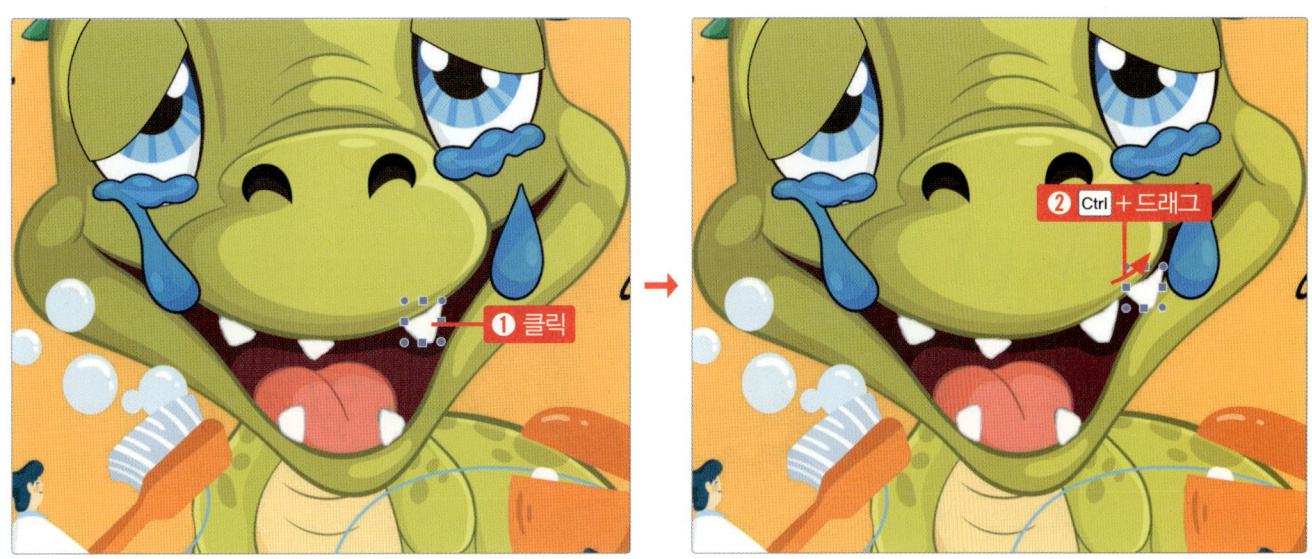

04 복제된 이빨의 조절점을 드래그하여 크기를 조절해요.

05 같은 방법으로 공룡의 이빨을 만들어 보세요.

06 울고 있는 공룡의 눈물을 선택하고 앞서 배운 방법대로 개체를 삭제하여 웃고 있는 공룡을 완성해요.

생각 쏙쏙 실력 쏙쏙

▶ 예제 파일 : 03강 폴더 ▶ 완성 파일 : 03강 창의 완성.hwpx

1 실습 파일을 불러와 파리를 삭제하고 쓰레기를 분리수거 해보세요.

짹짹힌트 '파리'를 선택하여 삭제하고 쓰레기를 드래그하여 분리수거함으로 이동시켜요.

2 꽃을 복제하여 깨끗한 공원을 꾸며 보세요.

짹짹힌트 '꽃'을 클릭하고 Ctrl 키를 누른 상태로 드래그해 보세요.

Step 04 빡빡 대머리 산타 가발 선물하기

오늘은 무엇을 배울까요?
- 도형을 삽입하고 복제해요.
- 도형을 그러데이션으로 채워 예쁘게 꾸며요.

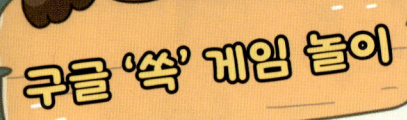

1. 구글 산타 셀카 게임을 실행해요.
2. 다양한 아이템을 활용해 산타 할아버지를 멋지게 꾸며요.

- 예제 파일 : 04강 폴더
- 완성 파일 : 04강 완성.hwpx

1. 도형을 추가하여 대머리 산타 할아버지의 가발을 만들어요.
2. 도형을 그러데이션으로 채워 멋진 가발을 완성해요.

구글 '쏙' 산타 셀카 게임 진행하기

다양한 아이템을 활용해 산타 할아버지를 멋지게 꾸며봐요.

01 산타 셀카 게임의 미션을 확인해 봐요.

미션 ❶	이발기 아이템을 이용하여 산타의 수염을 잘라요.
미션 ❷	향수 아이템을 이용하여 수염을 트리 모양으로 만들어요.
미션 ❸	스프레이 아이템을 이용하여 수염의 색상을 변경해요.
미션 ❹	장식 아이템을 이용하여 수염을 꾸며요.

02 '04강 셀카' 파일을 더블클릭하여 '산타 추적기' 게임을 실행하고 게임을 진행해 봐요.

❶ 이발기 아이템 이용해 수염 자르기

❷ 향수 아이템 이용해 수염 만들기

❸ 스프레이 아이템 이용해 수염 색칠하기

❹ 다양한 장식 이용해 수염 꾸미기

Step 04. 빡빡 대머리 산타 가발 선물하기

미션 01 도형 삽입하고 복제하기

산타 할아버지의 가발을 만들 도형을 삽입하고 여러 개로 복제해 봐요.

01 한글 프로그램( )을 실행한 후 [파일] 탭-[불러오기]를 클릭하여 [불러오기] 대화상자가 나타나면 '04강 예제.hwpx' 파일을 불러와요.

02 [입력] 탭에서 '타원(○)' 도형을 선택한 후 Shift 키를 누른 상태로 드래그하여 그림과 같이 삽입해요.

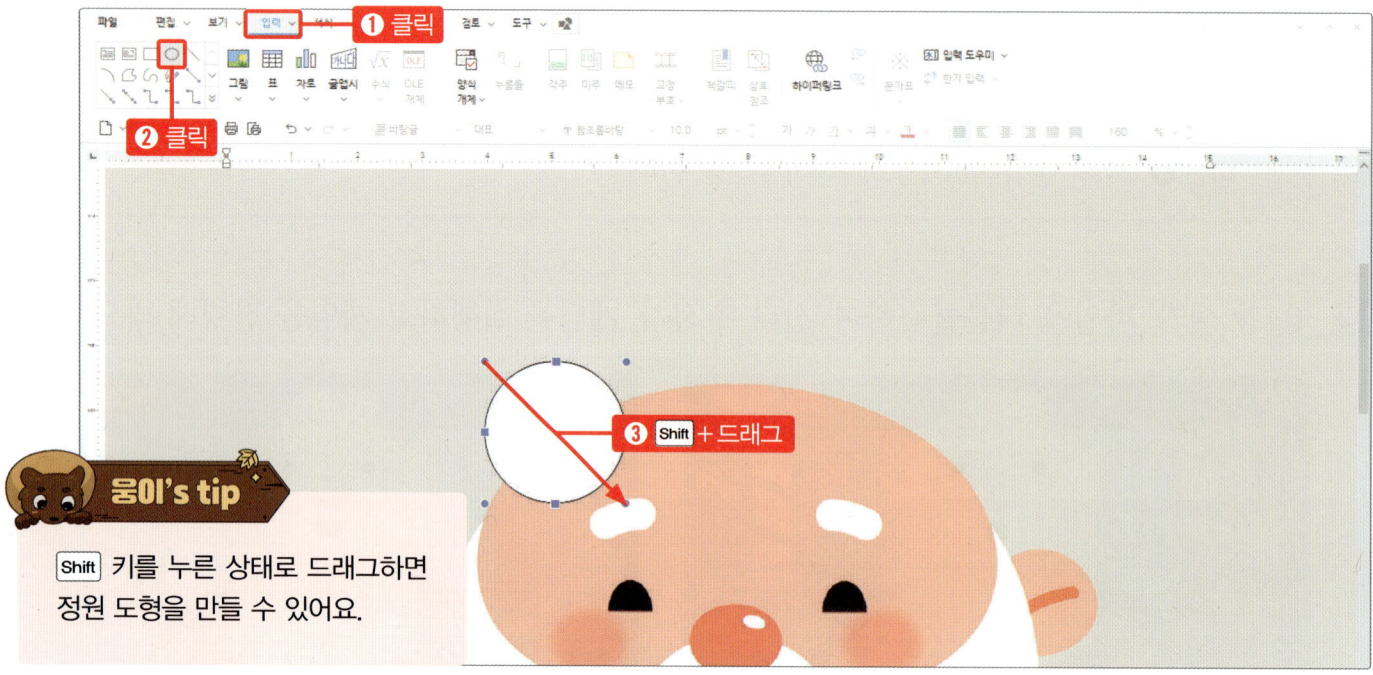

웅이's tip
Shift 키를 누른 상태로 드래그하면 정원 도형을 만들 수 있어요.

03 [도형( )] 탭-[도형 윤곽선]-[없음]을 클릭해 도형의 윤곽선을 없애요.

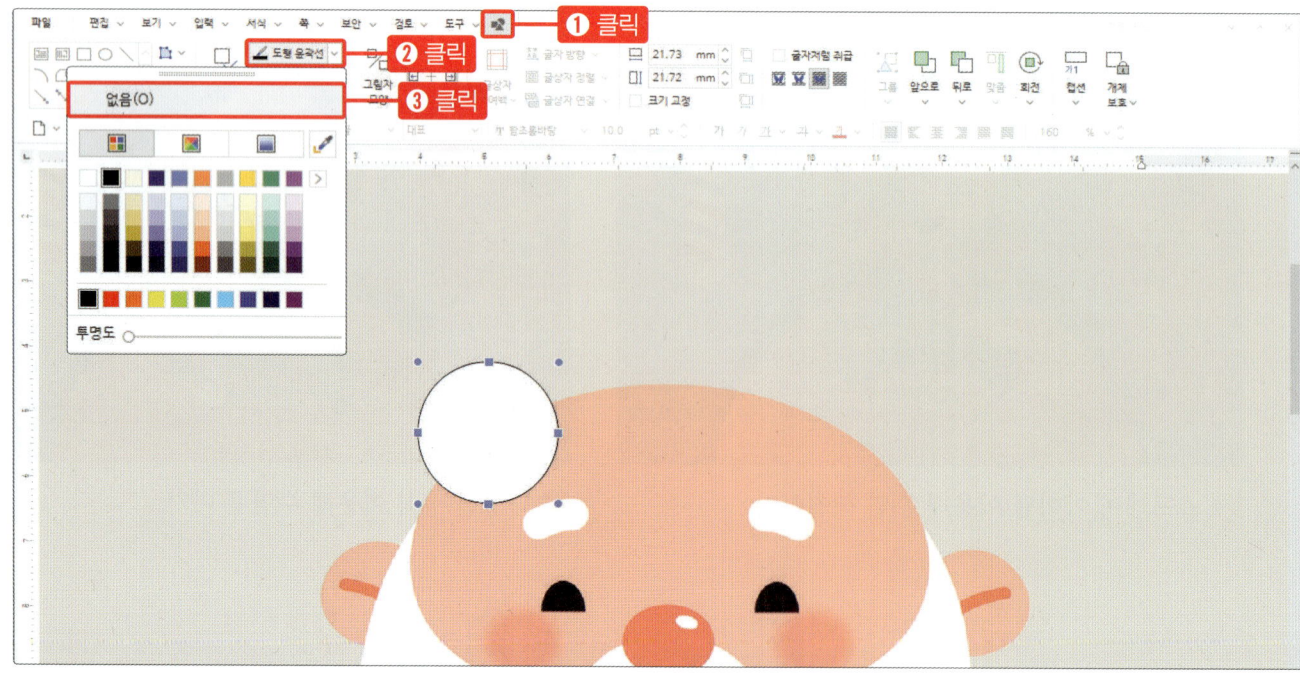

04 '타원' 도형을 선택한 후 Ctrl 키를 누른 상태로 드래그하여 복제해요.

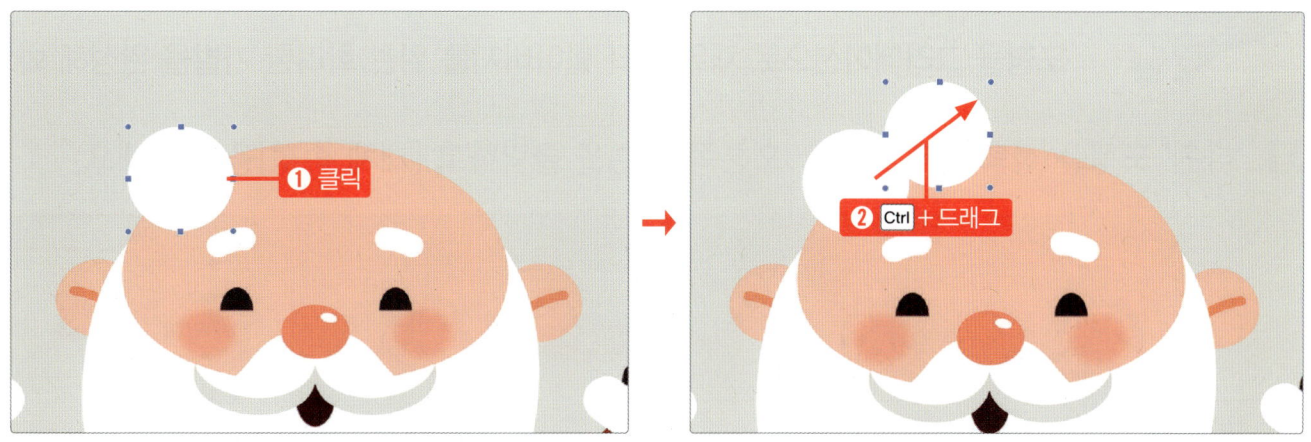

05 같은 방법으로 '타원' 도형을 복제하여 산타 할아버지를 위한 풍성한 가발을 만들어요.

미션 02 그러데이션으로 도형 채우기

도형을 그러데이션으로 채워 산타 할아버지를 위한 화려한 가발을 완성해 봐요.

01 '타원' 도형을 선택한 후 마우스 오른쪽 버튼을 클릭하고 [개체 속성]을 클릭해요.

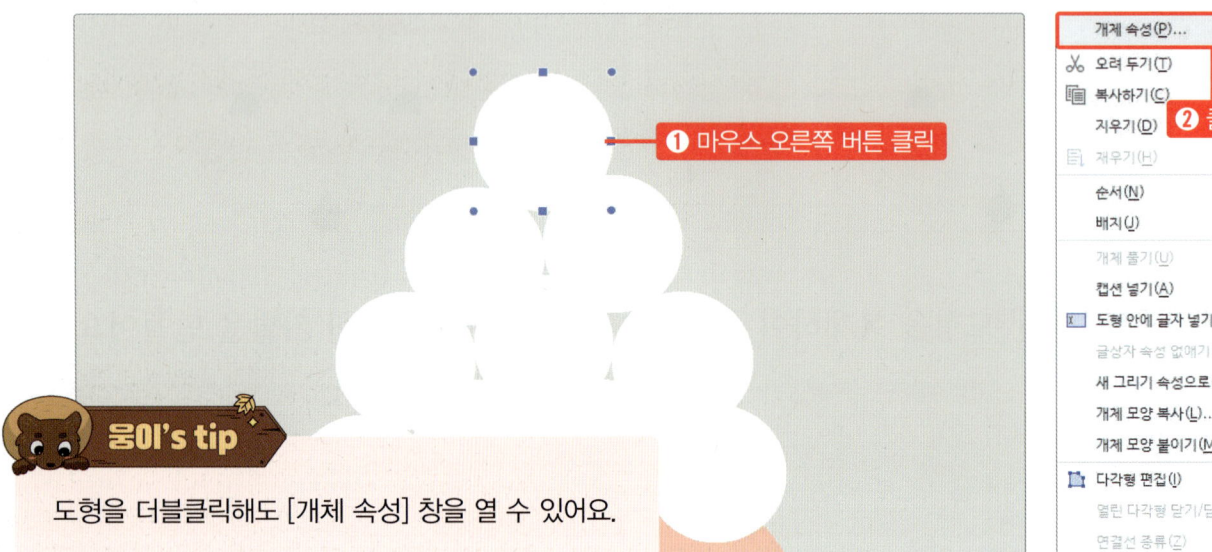

웅이's tip
도형을 더블클릭해도 [개체 속성] 창을 열 수 있어요.

02 [개체 속성] 창이 열리면 [채우기] 탭을 클릭한 후 [그러데이션] 항목을 클릭하고 유형을 '하늬바람'으로 선택해요. 이어서 '시작 색'과 '끝 색'을 자유롭게 선택해요.

03 이어서 '원형( )'을 클릭하고 '가로 중심', '세로 중심'을 각각 '50'으로 지정한 후 [설정]을 클릭해요.

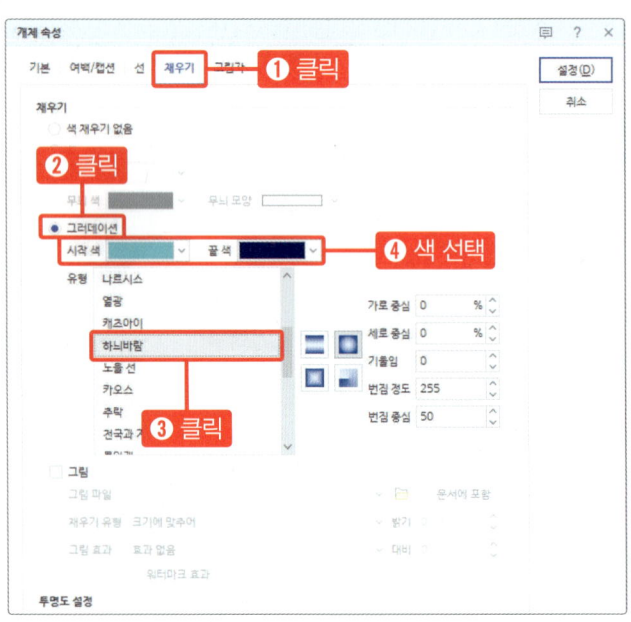

04 01~03과 같은 방법으로 '타원' 도형을 다양한 그러데이션으로 채워 산타 할아버지에게 화려한 가발을 선물해요.

생각 쏙쏙 실력 쑥쑥

▶ 예제 파일 : 04강 폴더   ▶ 완성 파일 : 04강 창의 완성.hwpx

1 실습 파일을 불러와 도형을 삽입하고 복제하여 달콤한 케이크를 꾸며 보세요.

짹짹힌트 도형 윤곽선을 '없음'으로 지정한 후 도형을 복제해요.

2 도형을 그러데이션으로 채워 달콤한 케이크를 완성해 보세요.

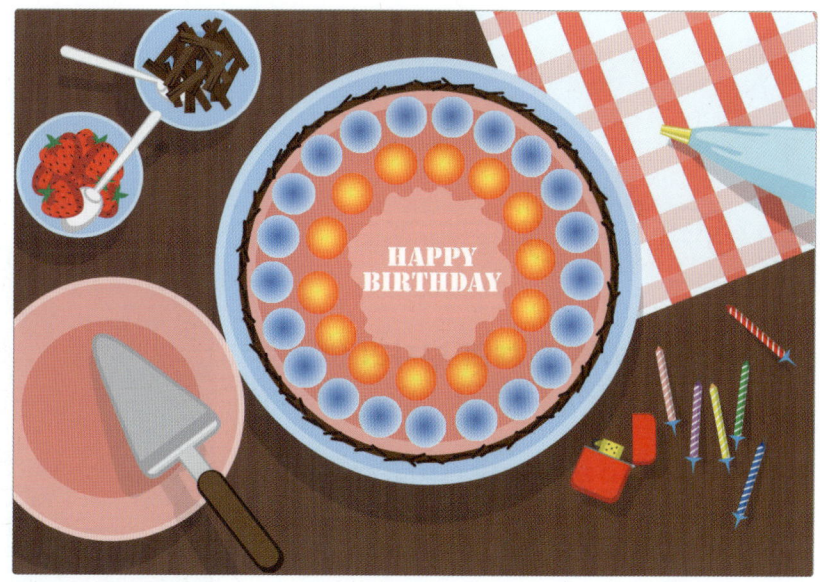

짹짹힌트 그러데이션 유형을 '가운데에서'로 선택하고 속성을 자유롭게 지정해 보세요.

Step 04. 빡빡 대머리 산타 가발 선물하기 33

Step 05 반짝반짝! 밤하늘 별자리 여행

오늘은 무엇을 배울까요?
- 쪽 방향을 설정하고 쪽 배경을 이미지로 채워요.
- 다각형 도형을 이용하여 별자리를 그려요.

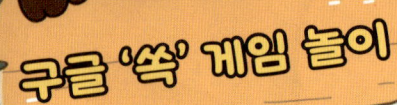
구글 '쏙' 게임 놀이

1. 구글 우주 침략군들 게임을 실행해요.
2. 우주선을 조종하여 외계인을 물리치며 은하계를 지켜요.

● 예제 파일 : 05강 폴더   ● 완성 파일 : 05강 완성.hwpx

한글 창작 놀이

1. 쪽 배경을 이미지로 채워 별자리 배경을 만들어요.
2. 다각형 도형으로 예쁜 별자리를 그려요.

구글 '쏙' 우주 침략군들 게임 진행하기

우주 침략군들 게임을 실행해 우주선을 조종하여 외계인을 물리쳐 봐요.

'05강 우주 침략군들' 파일을 더블클릭하여 '우주 침략군들' 게임을 실행하고 게임을 진행해 봐요.

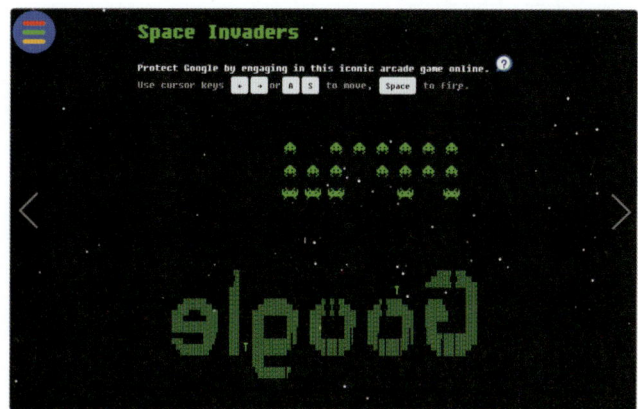

❶ 우주 침략군들 게임 실행하기

❷ ←, → 키 이용하여 우주선 좌우로 조종하기

❸ Space Bar 키 눌러 미사일 발사하기

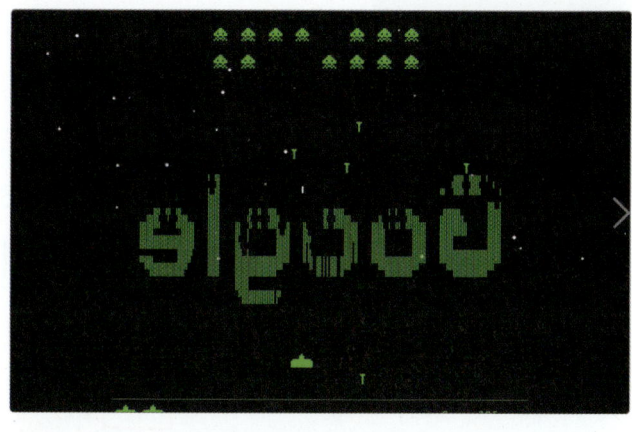

❹ 미사일로 외계인 물리치며 'Google' 글자 지키기

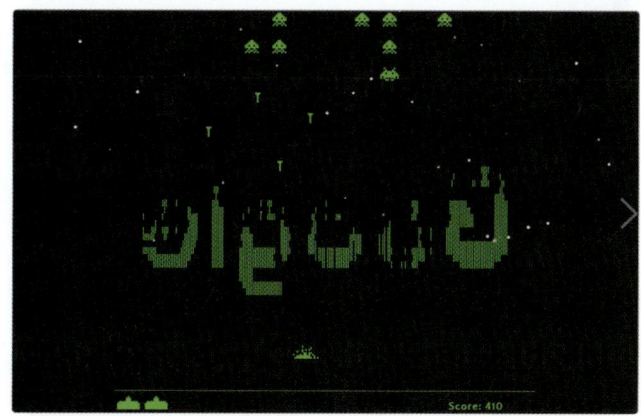

❺ 점점 빨라지는 외계인의 공격 피하며 게임 진행하기

❻ 게임이 종료되면 스코어 확인하기

Step 05. 반짝반짝! 밤하늘 별자리 여행

다각형 도형 이용하여 별자리 만들기

다각형 도형으로 별자리를 그리고 도형 채우기와 도형 윤곽선을 이용해 예쁜 별자리를 그려봐요.

01 한글 프로그램(![])을 실행한 후 [쪽] 탭-[편집 용지(![])]를 클릭하여 [편집 용지] 창이 나타나면 용지 방향을 '가로'로 선택한 후 [설정]을 클릭해요.

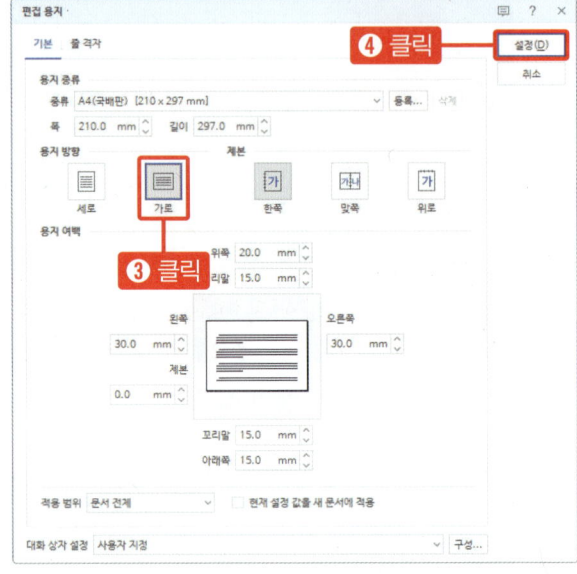

웅이's tip

F7 키를 눌러도 [편집 용지] 창을 열 수 있어요.

02 [쪽] 탭-[쪽 테두리/배경(![])]을 클릭하여 [쪽 테두리/배경] 창이 열리면 [배경] 탭-[그림]에 체크하고 [그림 선택(![])]을 클릭한 후 '별자리 배경.jpg' 파일을 불러와요.

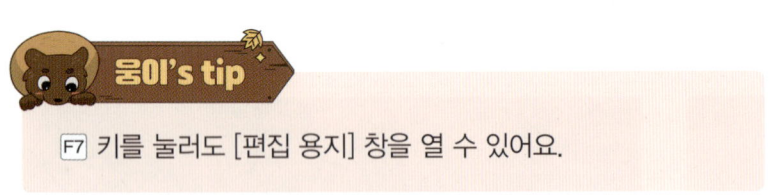

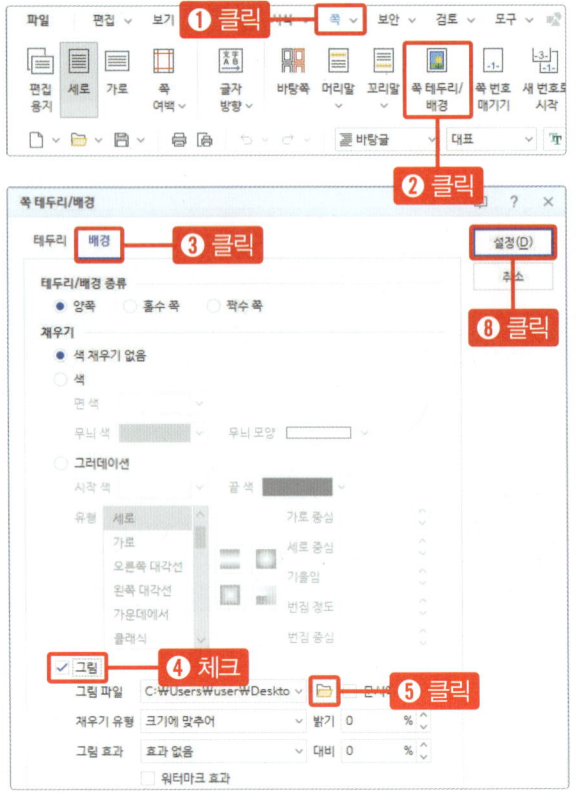

36 또롱또롱 처음 배우는 한글 2022

03 [입력] 탭에서 '다각형( )' 도형을 선택한 후 별자리의 하얀색 점을 클릭해 가며 다각형을 그린 후 마우스를 더블클릭하여 그리기를 마쳐요.

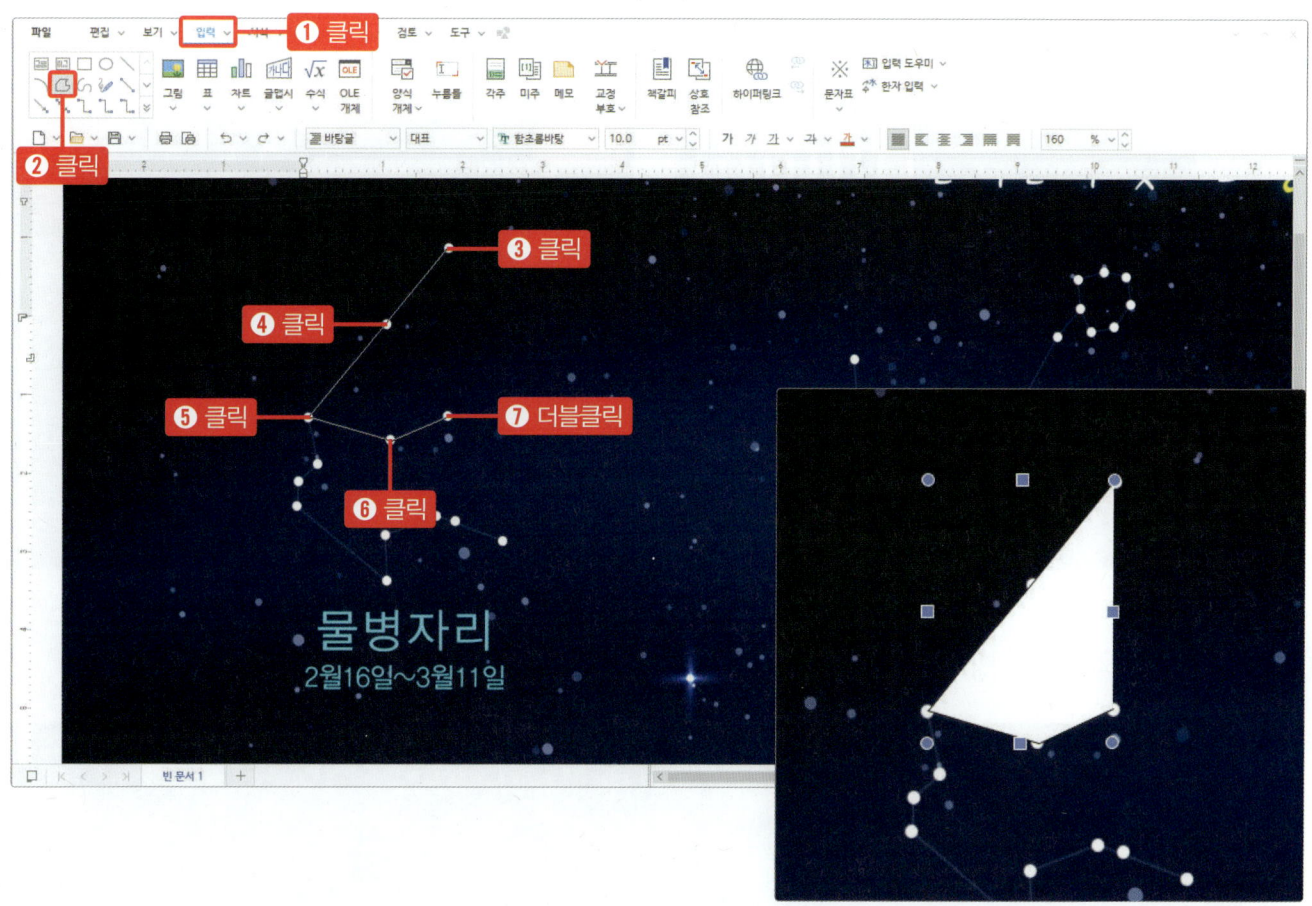

04 채우기 색을 없애기 위해 [도형( )] 탭-[도형 채우기]-[없음]을 클릭해요.

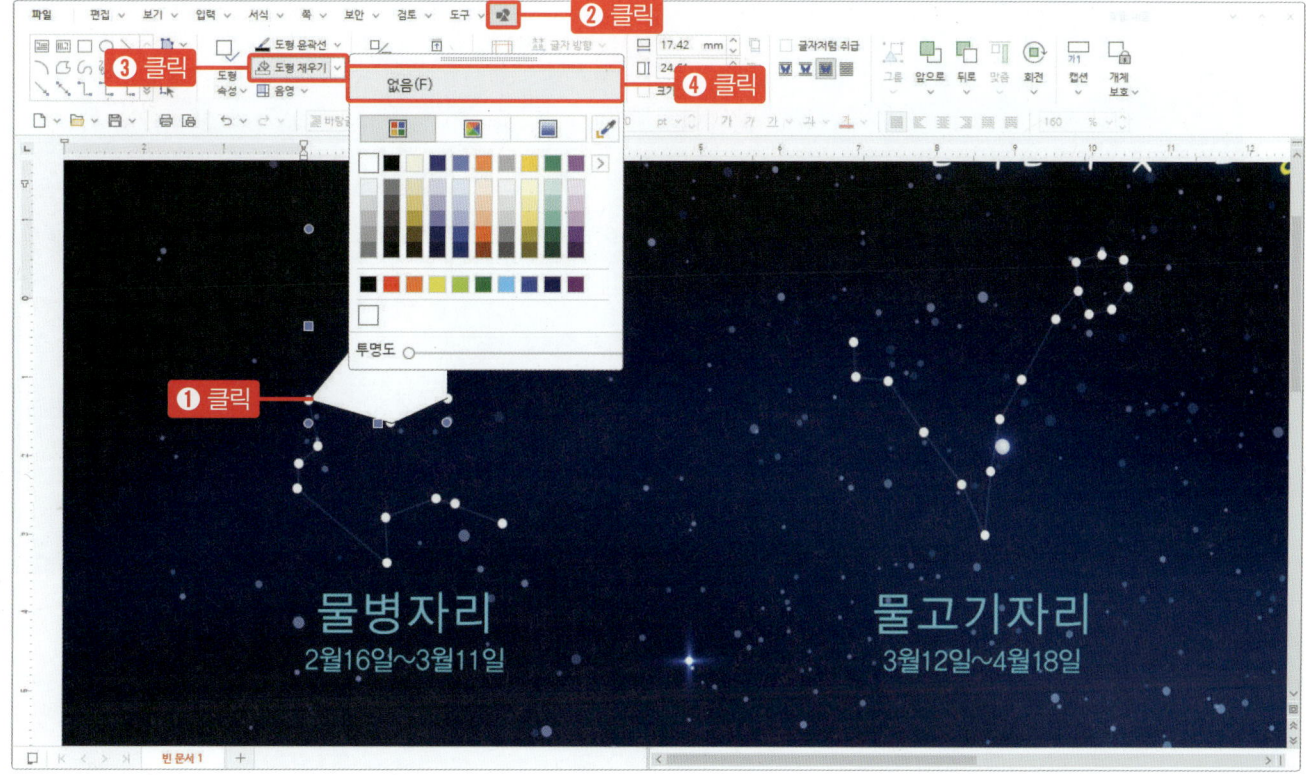

05 [도형 윤곽선]을 클릭하고 원하는 윤곽선 색을 선택해요.

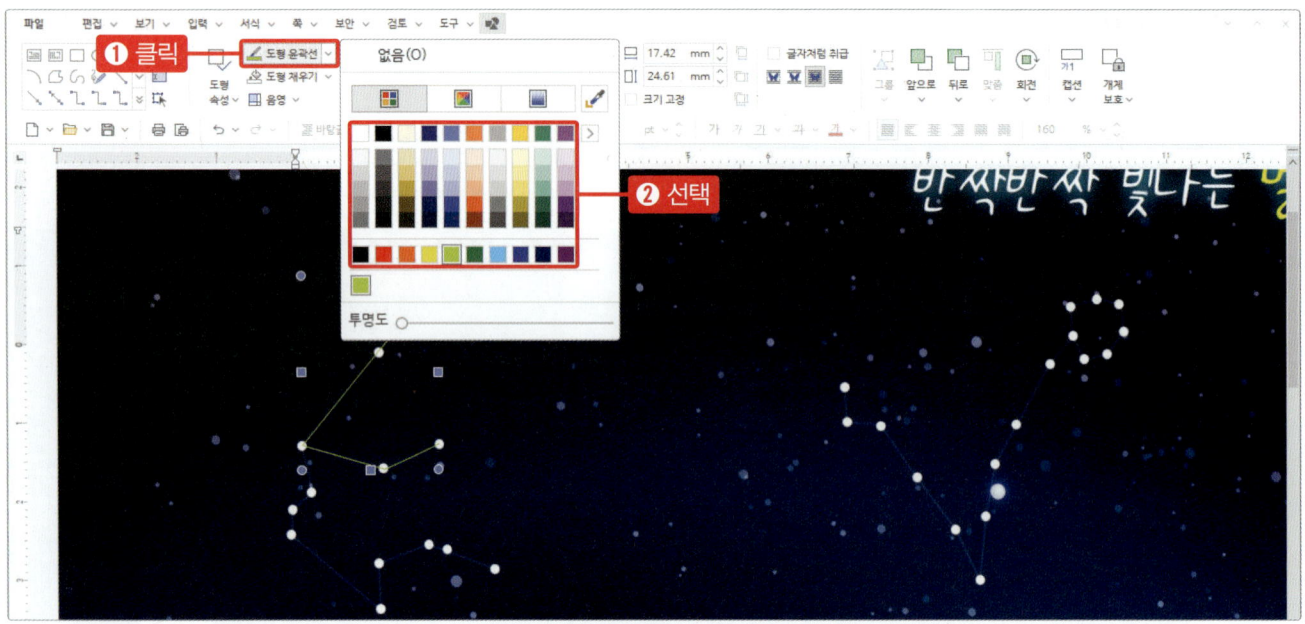

06 03~05와 같은 방법으로 반짝반짝 예쁜 별자리를 완성해 보세요.

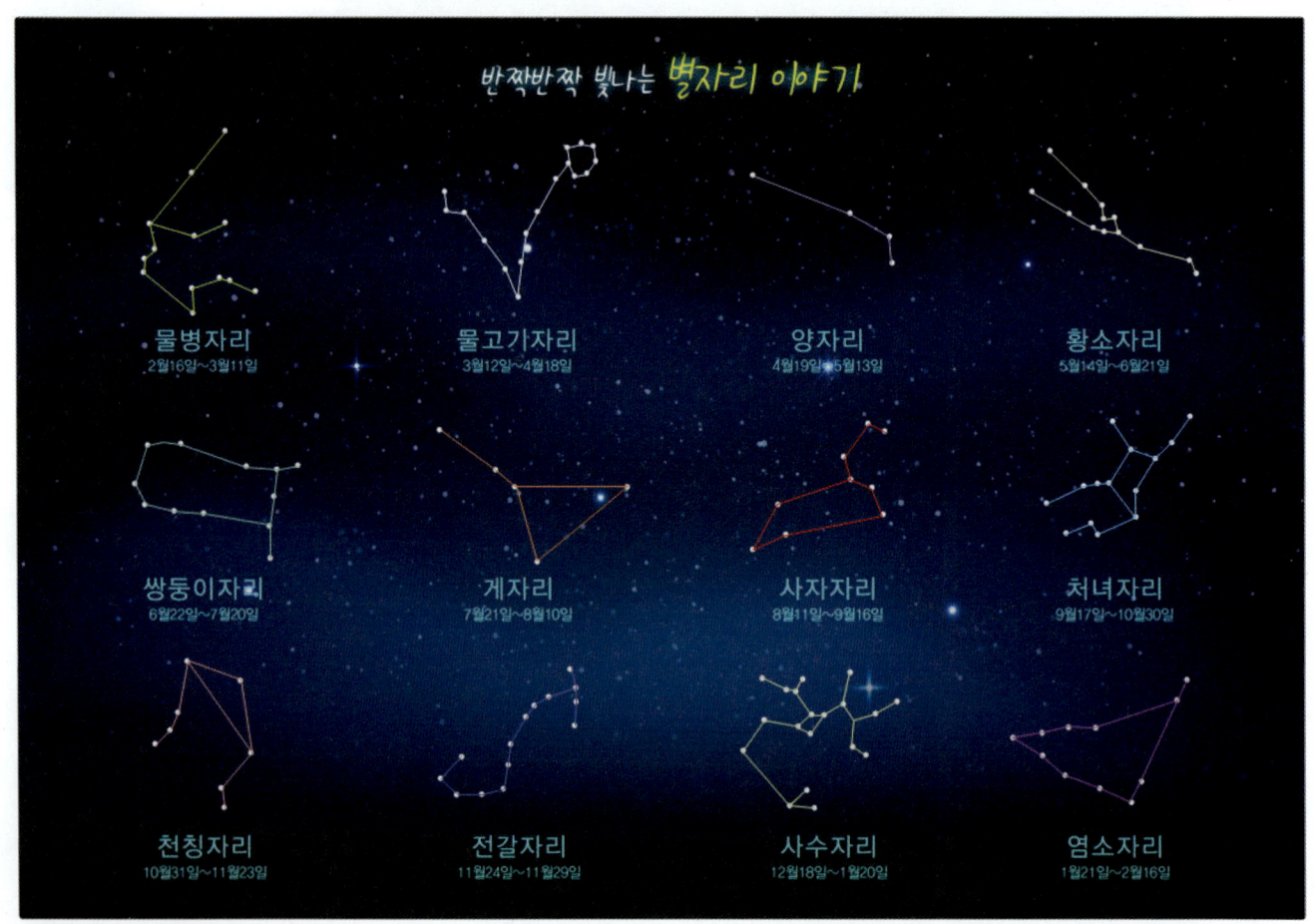

선이 이어질 수 없는 부분은 중간 중간 끊어가며 그려봐요.

 **윤곽선 굵기 조절하여 별자리 완성하기**

다각형 도형의 윤곽선 굵기를 조절하여 반짝반짝 예쁜 별자리를 완성해 봐요.

01 [편집] 탭-[개체 선택(▣)]을 클릭하고 마우스를 드래그하여 '다각형' 도형을 전체 선택해요.

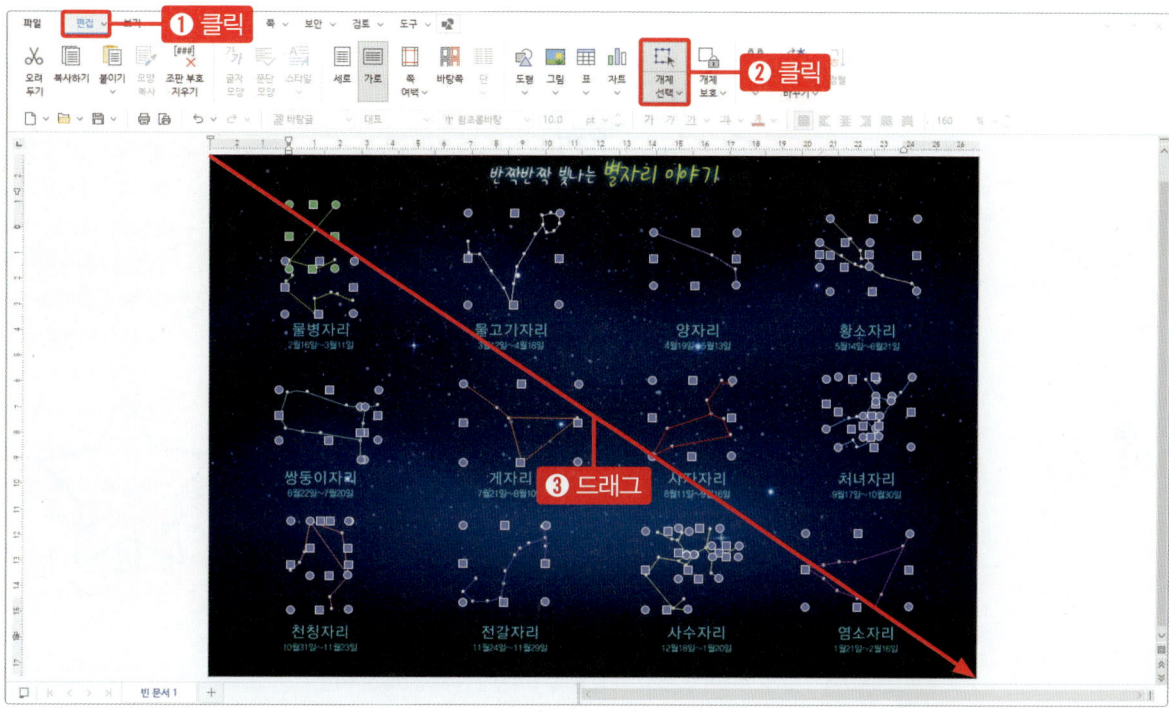

02 [도형(▨)] 탭-[도형 윤곽선]-[선 굵기]를 클릭하고 선 굵기를 '0.7mm'로 선택하여 반짝반짝 예쁜 별자리를 완성해요.

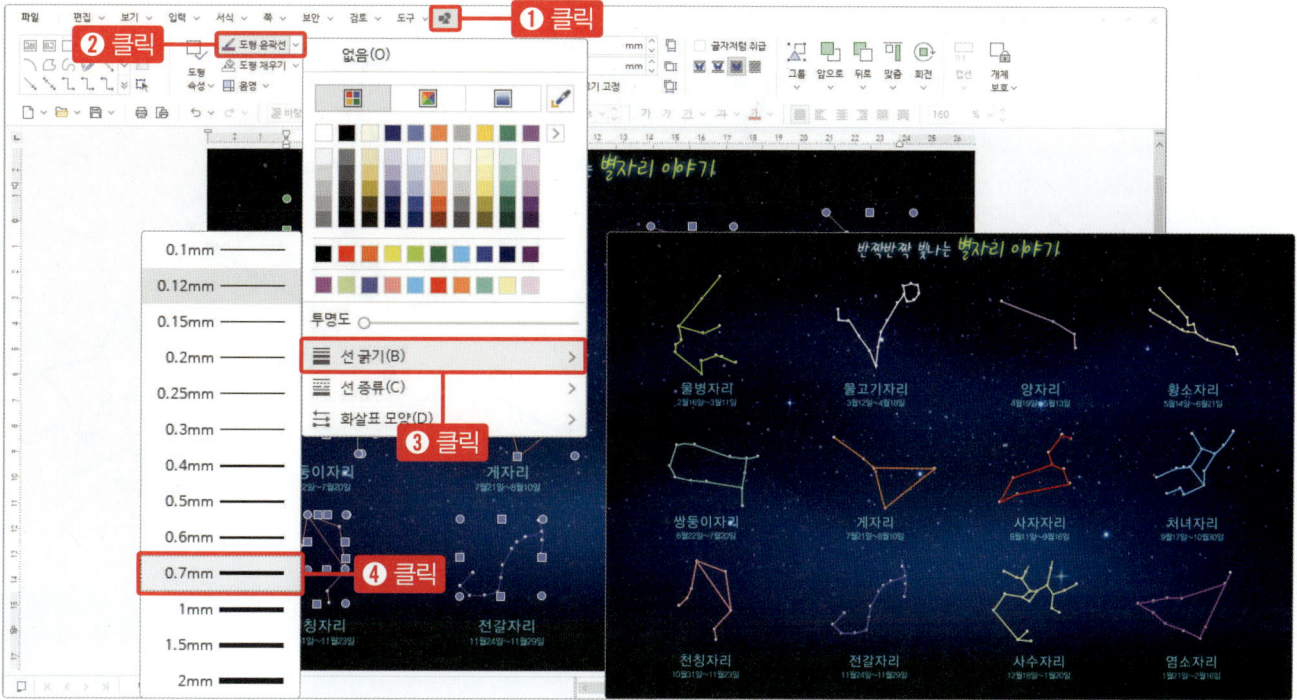

Step 05. 반짝반짝! 밤하늘 별자리 여행 **39**

생각 쏙쏙 실력 쏙쏙

▶ 예제 파일 : 05강 폴더 ▶ 완성 파일 : 05강 창의 완성.hwpx

1 새 문서를 실행하고 편집 용지를 가로로 지정한 후 쪽 배경을 이미지로 채워 보세요.

짹짹힌트 '별잇기 배경.jpg' 파일을 쪽 배경으로 지정해 보세요.

2 '곡선' 도형을 이용하여 별 그림을 완성해 보세요.

짹짹힌트 도형 채우기를 '없음'으로 지정하고 윤곽선 두께를 변경해 보세요.

Step 06 몽글몽글 가족 소풍 일기장

오늘은 무엇을 배울까요?

- 표에 일기 내용을 입력하고 글자 서식을 지정해요.
- 자유선 도형으로 그림을 그리고 도형에 색을 채워 그림 일기장을 완성해요.

구글 '쏙' 게임 놀이

1. 구글 2020 핼러윈 게임을 실행해요.
2. 마우스로 그림을 그리며 유령을 물리쳐요.

한글 창작 놀이

● 예제 파일 : 06강 폴더   ● 완성 파일 : 06강 완성.hwpx

1. 셀에 글자를 입력해 일기를 쓰고 글자 서식을 지정해요.
2. 자유선 도형으로 그림을 그리고 도형에 색을 채워요.

구글 '쏙' 2020 핼러윈 게임 진행하기

2020 핼러윈 게임을 실행해 화면의 그림을 따라 그리며 미션을 해결해 봐요.

01 2020 핼로윈 게임의 미션을 확인해 봐요.

미션 ❶	유령 머리 위에 나타난 그림을 똑같이 그려 유령을 제거해 보세요.
미션 ❷	회오리를 그려 유령을 전부 제거해 보세요.
미션 ❸	그림을 그려 문어 보스를 제거해 보세요.

02 '06강 2020 핼러윈' 파일을 더블클릭하여 '2020 핼러윈' 게임을 실행하고 게임을 진행해 봐요.

❶ 게임 방법 확인하고 게임 시작하기

❷ 마우스 드래그하여 유령 머리 위 그림 그리기

❸ 유령 머리 위 회오리 그려 유령 전부 없애기

❹ 문어 보스 머리 위 그림 그려 퀘스트 성공하기

구글 '2020 핼러윈' 게임

2020 핼러윈 게임은 할로윈을 기념하기 위해 구글에서 제공된 게임이에요. 주인공 모모가 친구들과 함께 마법책을 찾고 유령을 물리치는 게임으로, 매년 새로운 할로윈 테마의 게임을 선보이며 사용자들의 관심을 끌고 있어요.

미션 01 표에 일기 입력하기

표의 각 셀에 일기 내용을 입력하고 글자 서식을 지정해 봐요.

01 한글 프로그램()을 실행한 후 [파일] 탭-[불러오기]를 클릭하여 [불러오기] 대화상자가 나타나면 '06강 예제.hwpx' 파일을 불러와요.

02 가족 소풍을 주제로 일기를 쓰기 위해 표의 첫 번째 셀을 클릭한 후 "제"를 입력하고 키보드를 이용해 셀을 이동해 가며 일기 내용을 입력해요.

Tab 키를 눌러 다음 셀로 이동하거나 ↑, ↓, ←, → 키를 눌러 상하좌우로 셀을 이동해요.

03 마우스를 드래그하여 전체 셀을 영역 지정하고 서식 도구 상자에서 글자 서식을 자유롭게 지정해요.

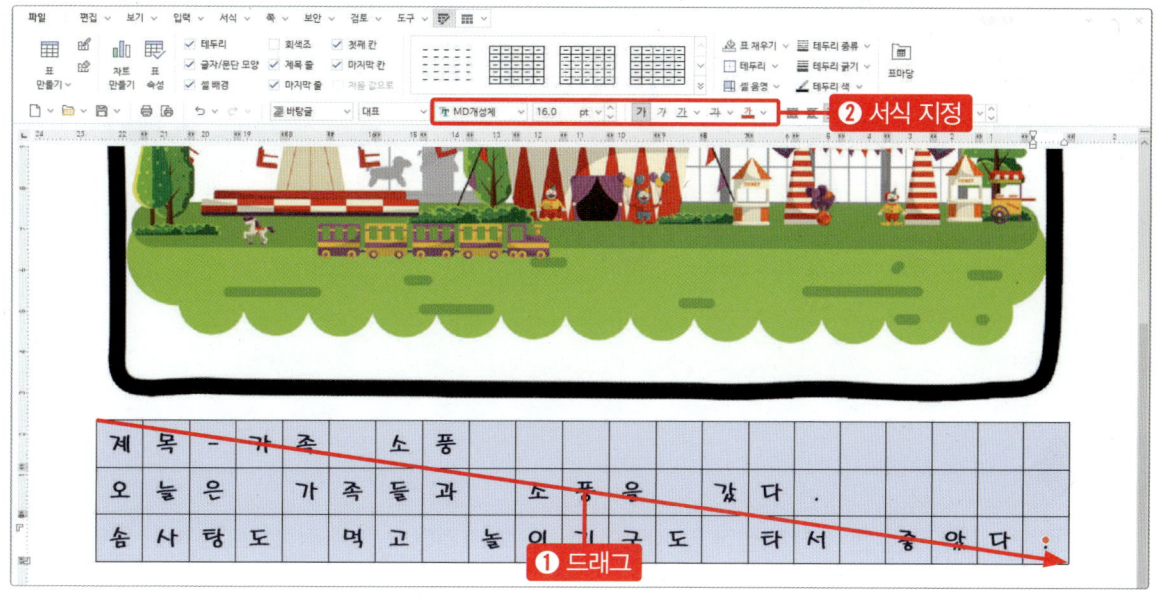

Step 06. 몽글몽글 가족 소풍 일기장 43

미션 02 자유선 도형 이용하여 그림 일기장 만들기

자유선 도형을 이용하여 그림을 그리고 색을 채워 그림 일기장을 완성해 봐요.

01 [입력] 탭에서 '자유선( )' 도형을 선택한 후 마우스를 클릭한 상태로 드래그하여 얼굴 모양을 그려요.

02 [도형( )] 탭-[도형 채우기]-[주황(RGB: 255,132,58) 80% 밝게]를 클릭하여 얼굴을 만들어요.

웅이's tip

'자유선' 도형을 이용해 그림을 그릴 땐 시작 지점과 끝 지점이 만나도록 그려야 도형에 정상적으로 색이 채워져요.

03 01~02와 같은 방법으로 머리 모양을 그리고 도형에 색을 채워 머리를 만들어요.

도형을 잘못 그린 경우 삭제할 도형을 선택하고 Delete 키를 눌러 삭제해요.

04 같은 방법으로 그림 일기장의 그림을 자유롭게 그려 보세요.

 도형의 조절점을 드래그하여 도형의 크기와 모양을 변경해도 좋아요.

05 [편집] 탭-[개체 선택(▣)]을 클릭한 후 마우스를 드래그하여 앞서 그린 도형을 전체 선택해요.

06 [도형(🖼)] 탭-[도형 윤곽선]-[선 굵기]-[0.7mm]를 클릭하여 몽글몽글 그림 일기장을 완성해요.

생각 쏙쏙 실력 쏙쏙

▶ 예제 파일 : 06강 폴더 ▶ 완성 파일 : 06강 창의 완성.hwpx

1 실습 파일을 불러와 '해와 바람' 이솝우화 이야기를 입력하고 글자 서식을 지정해 보세요.

짹짹힌트 이솝우화 내용을 입력하기 어려울 경우 즐거웠던 기억을 떠올려 짧게 입력해도 괜찮아요.

2 '자유선' 도형을 이용하여 해와 바람 그림을 그려 그림 동화를 완성해 보세요.

Step 06. 몽글몽글 가족 소풍 일기장 **47**

Step 07 창의력 팡팡! 수학 문제 만들기

오늘은 무엇을 배울까요?
- 이미지를 삽입하고 숫자와 기호를 입력하여 수학 문제를 만들어요.
- 쪽 테두리를 설정하여 창의력 수학 문제를 완성해요.

구글 '쓱' 게임 놀이

1. 구글 과일 페탕크 게임을 실행해요.
2. 마우스로 구슬의 방향과 세기를 조절하여 목표 지점에 가깝게 구슬을 던져요.

한글 창작 놀이

● 예제 파일 : 07강 폴더   ● 완성 파일 : 07강 완성.hwpx

1. 이미지를 삽입하고 숫자와 기호를 이용해 수학 문제를 만들어요.
2. 쪽 테두리를 설정하여 창의력 수학 문제를 완성해요.

# PLAY 구글 '쏙' 과일 페탕크 게임 진행하기

과일 페탕크 게임을 실행하여 경기장 목표 지점(boule)에 가깝게 구슬을 던져봐요.

'07강 과일 페탕크' 파일을 더블클릭하여 '과일 페탕크' 게임을 실행하고 진행해 봐요.

❶ 과일 페탕크 게임 실행하기

❷ [Practice] 클릭하기

❸ 마우스로 방향과 세기 조절하기

❹ 가운데 목표 지점(boule)에 가깝게 구슬 던지기

Step 07. 창의력 팡팡! 수학 문제 만들기 **49**

미션 01 이미지와 기호 이용하여 수학 문제 만들기

이미지를 삽입하고 숫자와 기호를 이용해 수학 문제를 만들어 봐요.

01 한글 프로그램()을 실행한 후 [파일] 탭-[불러오기]를 클릭하여 [불러오기] 대화상자가 나타나면 '07강 예제.hwpx' 파일을 불러와요.

02 [입력] 탭-[그림( )]을 클릭하여 [그림 넣기] 창이 나타나면 '이미지1.png' 파일을 선택하고 '글자처럼 취급'에 체크한 후 [열기]를 클릭해요.

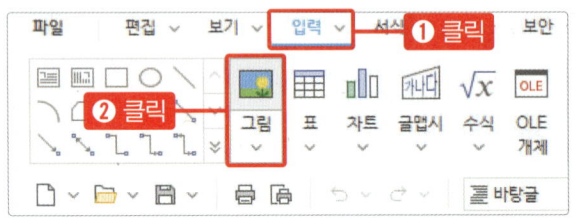

03 이미지가 삽입되면 이미지를 복사하고 기호, 숫자를 입력해 그림과 같이 수학 문제를 만들어요.

웅이's tip

이미지를 복사하여 사용하기 위해 Ctrl+C 키를 눌러 '이미지1'을 복사하고 붙여넣을 곳을 클릭한 후 Ctrl+V 키를 눌러요.

04 마우스를 드래그하여 그림과 같이 블록 지정하고 서식 도구 상자에서 글자 크기를 지정한 후 [가운데 정렬(≡)]을 클릭해요.

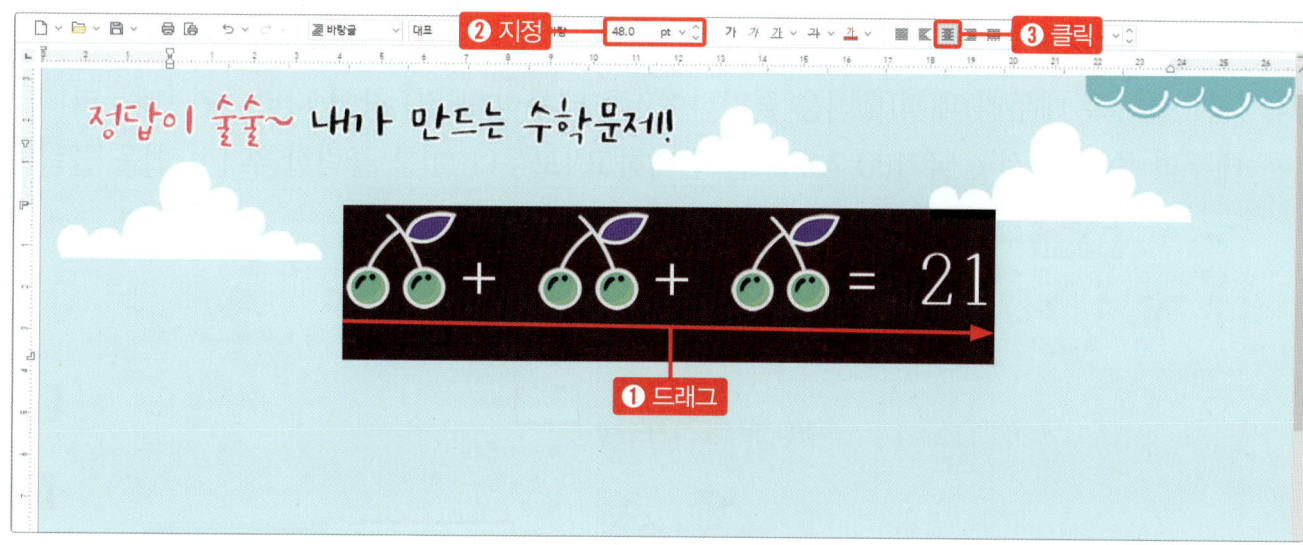

05 Enter 키를 눌러 줄을 변경한 후 **02~03**과 같은 방법으로 그림과 같이 수학 문제를 만들어요.

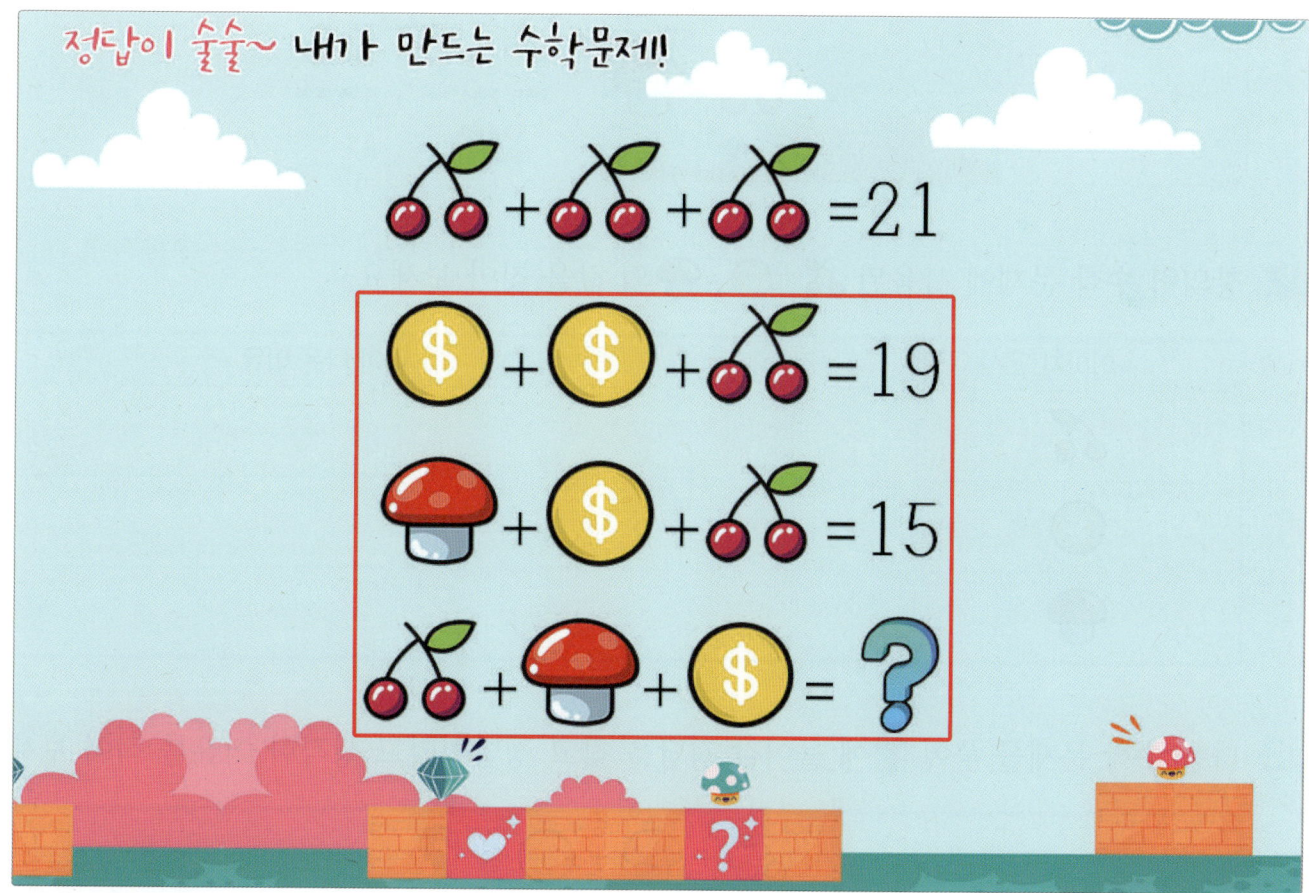

**뭉이's tip**

'이미지2'~'이미지4' 파일을 삽입하고 복사하여 사용해 보세요.

쪽 테두리 설정하여 수학 문제 완성하기

쪽 테두리를 설정해 수학 문제를 완성하고 창의력 수학 문제를 풀어봐요.

01 [쪽] 탭-[쪽 테두리/배경(▦)]을 클릭하여 [쪽 테두리/배경] 창이 나타나면 [테두리] 탭에서 테두리 종류('실선'), 굵기('0.7mm')를 선택하고 [모두(▦)]를 클릭한 후 [설정]을 클릭해요.

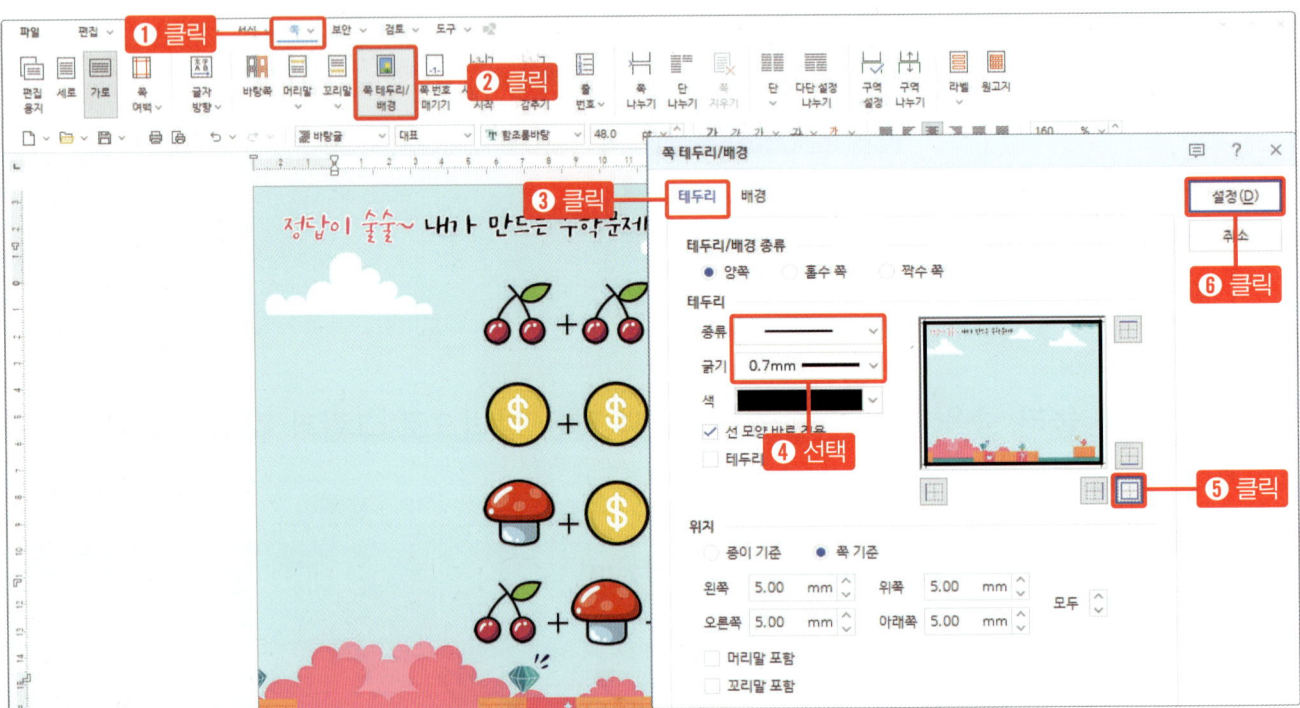

02 창의력 수학 문제에 사용된 🍒, 🪙, 🍄 의 값을 찾아 보세요.

이미지	값	값이 나온 이유
🍒		
🪙		
🍄		

03 다음 수학 문제를 풀어 ❓에 들어갈 정답을 찾고 정답이라고 생각한 이유를 적어 보세요.

🍒 + 🍄 + 🪙 = ❓

정답	
정답이라고 생각한 이유	

생각 쏙쏙 실력 쑥쑥

▶ 예제 파일 : 07강 폴더   ▶ 완성 파일 : 07강 창의 완성.hwpx

1 실습 파일을 불러와 그림과 같이 블록 수학 문제를 만들어 보세요.

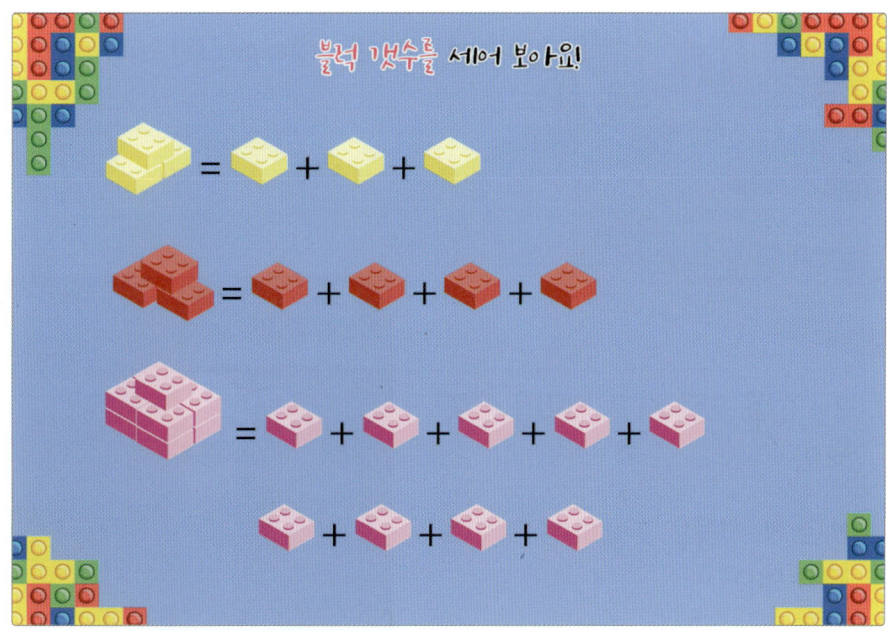

짹짹힌트 이미지를 복사하고 기호를 입력하여 수학 문제를 만들고 서식 도구 상자에서 글자 서식을 지정해요.

2 쪽 테두리를 설정하여 블록 수학 문제를 완성해 보세요.

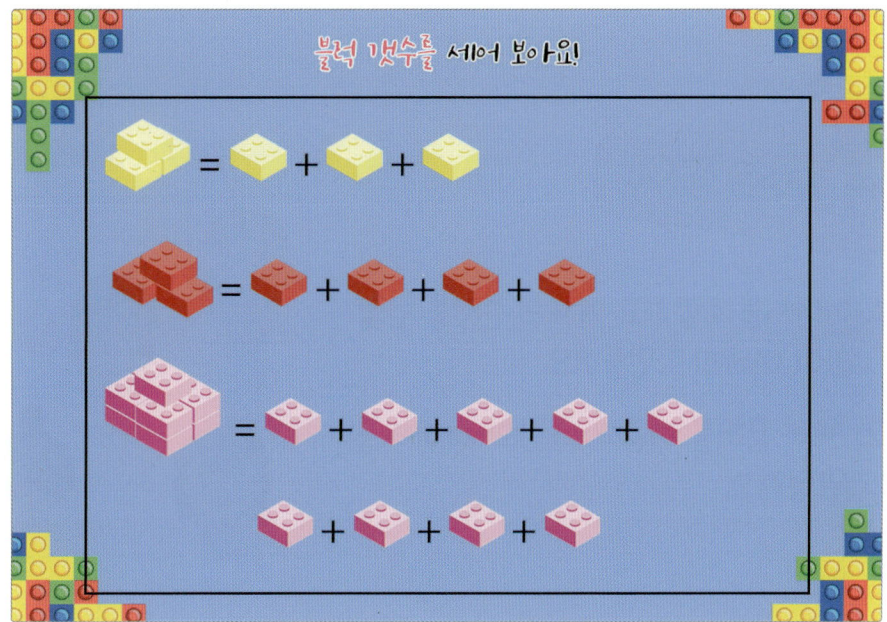

Step 08 패션왕! 나만의 아바타 만들기

오늘은 무엇을 배울까요?
- 이미지를 복사하고 개체 순서를 변경하여 아바타를 꾸며요.
- 개체 묶기를 이용하여 나만의 아바타를 완성해요.

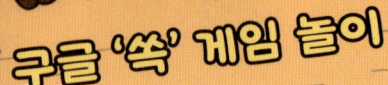

구글 '쏙' 게임 놀이

1. 구글 선물 포장 시합 게임을 실행해요.
2. 빠르게 선물을 포장하며 게임을 진행해요.

한글 창작 놀이

● 예제 파일 : 08강 폴더   ● 완성 파일 : 08강 완성.hwpx

1. 이미지를 조합하고 개체의 순서를 변경하여 아바타를 만들어요.
2. 개체 묶기를 이용해 나만의 아바타를 완성해요.

 ## 구글 '쏙' 선물 포장 시합 게임 진행하기

선물 포장 시합 게임을 실행해 선물을 빠르게 포장하며 미션을 해결해 봐요.

01 선물 포장 시합 게임의 미션을 확인해 봐요.

미션 ❶	화면에 화살표가 나타나면 해당하는 방향키를 눌러 선물을 빠르게 포장해요.
미션 ❷	화살표가 원 안에 들어왔을 때 해당 방향키를 누르면 높은 점수를 얻을 수 있어요.
미션 ❸	빠르게 위로 올라오는 화살표를 정확하게 입력하여 점수를 획득해요.

02 '08강 선물 포장 시합' 파일을 더블클릭하여 '선물 포장 시합' 게임을 실행하고 게임을 진행해 봐요.

❶ 선물 포장 시합 게임 실행하기

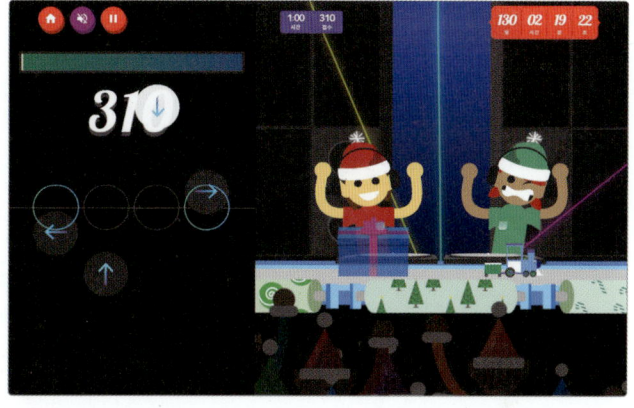

❷ ↑, ↓, ←, → 키 이용하여 선물 포장하기

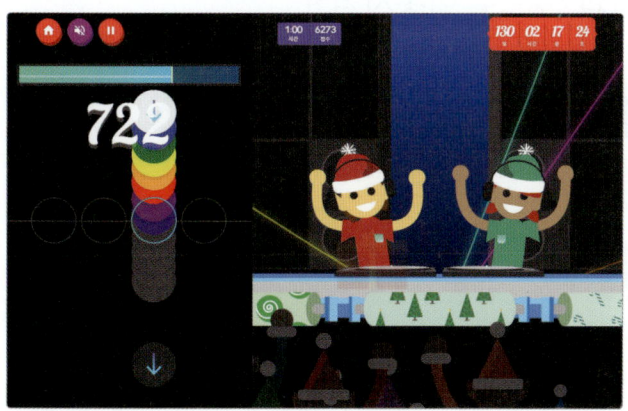

❸ 올라오는 화살표 연속으로 눌러 점수 획득하기

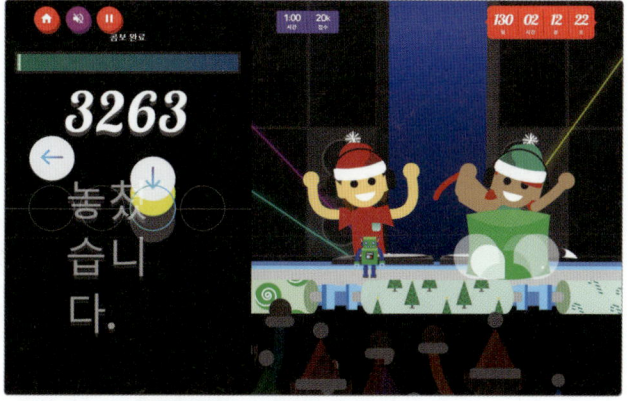

❹ 다음 레벨로 이동하여 게임 진행하기

Step 08. 패션왕! 나만의 아바타 만들기

이미지 조합하고 개체 순서 변경하기

이미지를 조합하여 아바타를 만들고 개체의 순서를 변경해 봐요.

01 한글 프로그램(   )을 실행한 후 [파일] 탭-[불러오기]를 클릭하여 [불러오기] 대화상자가 나타나면 '08강 예제.hwpx' 파일을 불러와요.

02 여자 아이의 몸을 선택한 후 Ctrl 키를 누른 상태로 드래그하여 그림과 같이 복제해요.

03 마음에 드는 '얼굴'을 드래그하여 여자 아이의 몸으로 이동시켜요.

04 03과 같은 방법으로 마음에 드는 '옷'을 드래그하여 이동시켜요.

05 마우스 오른쪽 버튼을 클릭하고 [순서]-[맨 앞으로]를 클릭하여 개체의 순서를 변경해요.

뭉이's tip

개체 순서 알아보기

- **맨 앞으로** : 선택한 개체의 순서를 맨 앞으로 변경해요.
- **앞으로** : 선택한 개체를 바로 앞에 있는 개체보다 한 순서 앞으로 보내요.
- **맨 뒤로** : 선택한 개체의 순서를 맨 뒤로 변경해요.
- **뒤로** : 선택한 개체를 바로 뒤에 있는 개체보다 한 순서 뒤로 보내요.

개체 묶기 이용하여 나만의 아바타 완성하기

조합한 이미지를 하나의 개체로 묶어 나만의 아바타를 완성해 봐요.

01 앞서 배운 내용을 참고하여 그림과 같이 '신발'과 '선글라스'를 이동시키고 순서를 변경해요.

02 완성된 아바타를 하나의 개체로 만들기 위해 [편집] 탭-[개체 선택()]을 클릭한 후 마우스를 드래그하여 아바타의 '머리', '얼굴', '선글라스', '옷', '몸', '신발'을 모두 선택해요.

웅이's tip
Shift 키를 누른 상태로 개체를 각각 클릭해도 돼요.

58 또롱또롱 처음 배우는 한글 2022

03 [그림(🌷)] 탭-[그룹(🔺)]-[개체 묶기]를 클릭하고 [개체 묶기] 창이 나타나면 [실행]을 클릭해요.

개체가 선택된 상태에서 마우스 오른쪽 버튼을 클릭하고 [개체 묶기]를 클릭해도 돼요.

04 앞서 배운 내용을 참고하여 다양한 조합으로 나만의 아바타를 완성해 보세요.

Step 08. 패션왕! 나만의 아바타 만들기 59

생각 쏙쏙 실력 쏙쏙

▶ 예제 파일 : 08강 폴더   ▶ 완성 파일 : 08강 창의 완성.hwpx

① 실습 파일을 불러와 개체를 이동시키고 순서를 변경하여 나만의 거실을 꾸며 보세요.

② 거실을 꾸민 개체를 하나의 개체로 만들어 보세요.

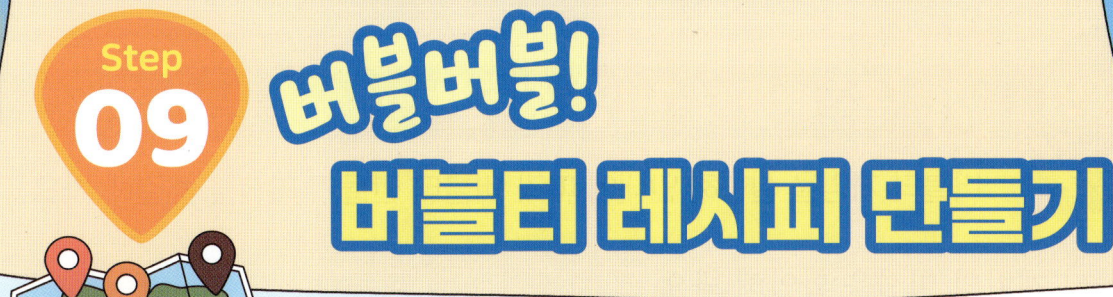

Step 09 버블버블! 버블티 레시피 만들기

오늘은 무엇을 배울까요?
- 글맵시를 이용하여 개성 있는 글자를 만들어요.
- 표의 셀 배경을 이미지로 채워 버블티 레시피를 완성해요.

구글 '쏙' 게임 놀이

1. 구글 버블티 게임을 실행해요.
2. 안내에 따라 달콤한 버블티를 만들어요.

한글 창작 놀이

● 예제 파일 : 09강 폴더   ● 완성 파일 : 09강 완성.hwpx

1. 글맵시와 글자 서식을 이용해 글자를 예쁘게 꾸며요.
2. 셀 배경을 이미지로 채워 버블티 레시피를 완성해요.

PLAY 구글 '쏙' 버블티 게임 진행하기

버블티 게임을 실행해 안내에 따라 버블티 만들기 미션을 해결해 봐요.

01 버블티 게임의 미션을 확인해 봐요.

미션 ❶	5개의 주문을 완료해야 하며, 각각 다른 양의 재료가 필요해요.
미션 ❷	버블, 차, 시럽의 3가지 재료를 컵에 표시된 선까지 따라야 해요.
미션 ❸	재료의 양을 적당하게 넣으면 별을 얻을 수 있으므로 표시된 선을 넘지 않도록 주의해요.

02 '09강 버블티' 파일을 더블클릭하여 '버블티' 게임을 실행하고 게임을 진행해 봐요.

❶ 버블티 게임 실행하고 게임 방법 확인하기

❷ 마우스 길게 클릭하여 표시된 선까지 재료 붓기

❸ 표시된 선에 맞게 재료 부어 별 획득하기

❹ 버블티 완성하기

웅이's tip

구글 '버블티' 게임

보바 티(버블티)는 대만의 차 문화에 뿌리를 두고 있어요. 20세기 후반, 대만 이민자들이 과일 젤리나 타피오카로 만든 작은 공을 차, 시럽과 결합하여 만든 것이 버블티의 기원으로, 아시아와 미국에서 큰 인기를 끌게 되었어요. 구글은 버블티를 기념하여 대만의 토종견과 함께 귀여운 동물들을 위해 버블티를 만드는 재미있는 애니메이션 게임을 선보였어요.

미션 01. 글맵시 이용하여 개성 있는 글자 만들기

글맵시를 이용하여 버블티 레시피 제목을 개성 있게 꾸며봐요.

01 한글 프로그램()을 실행한 후 [파일] 탭-[불러오기]를 클릭하여 [불러오기] 대화상자가 나타나면 '09강 예제.hwpx' 파일을 불러와요.

02 [입력] 탭-[글맵시()]를 클릭하고 '채우기 - 진한 자주색 그러데이션, 연자주색 그림자, 위쪽 리본 사각형 모양'을 클릭해요.

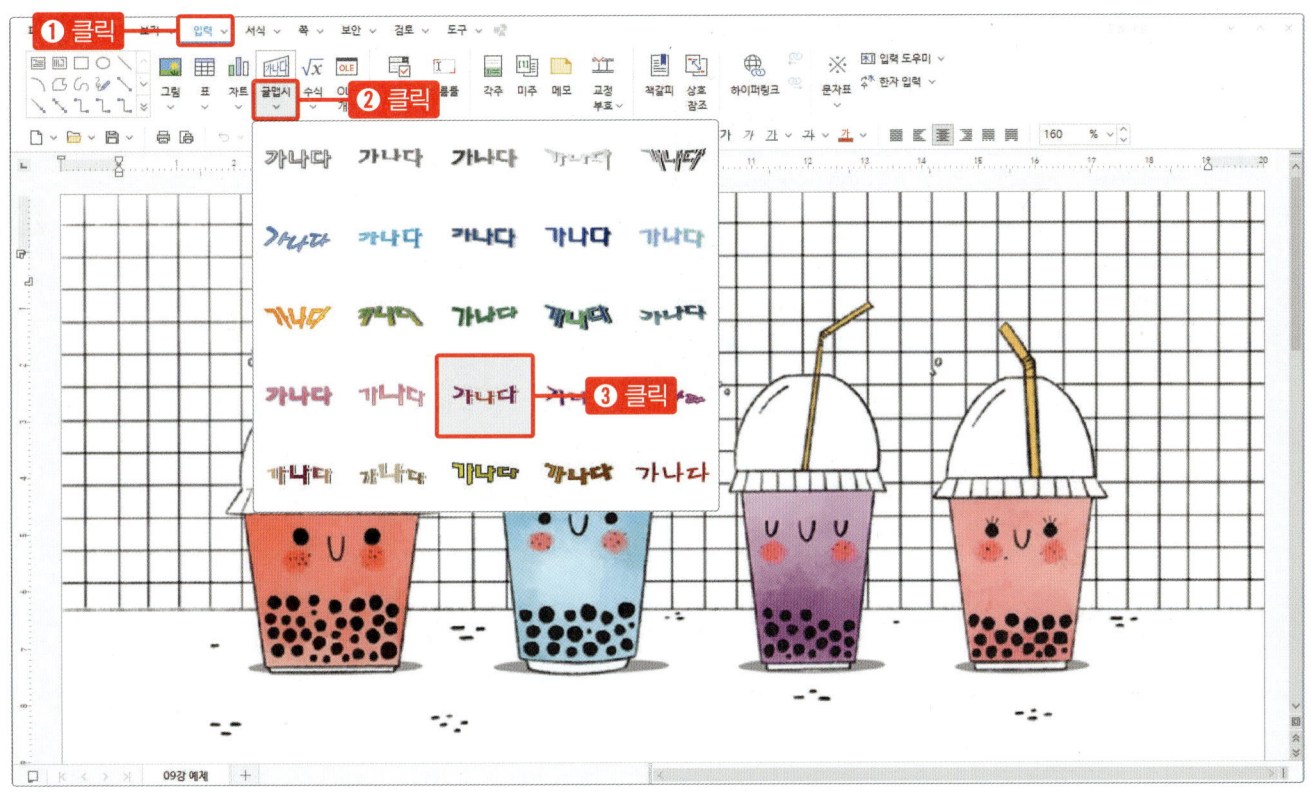

03 [글맵시 만들기] 창이 나타나면 "달콤한 버블티 레시피"를 입력하고 [설정]을 클릭해요.

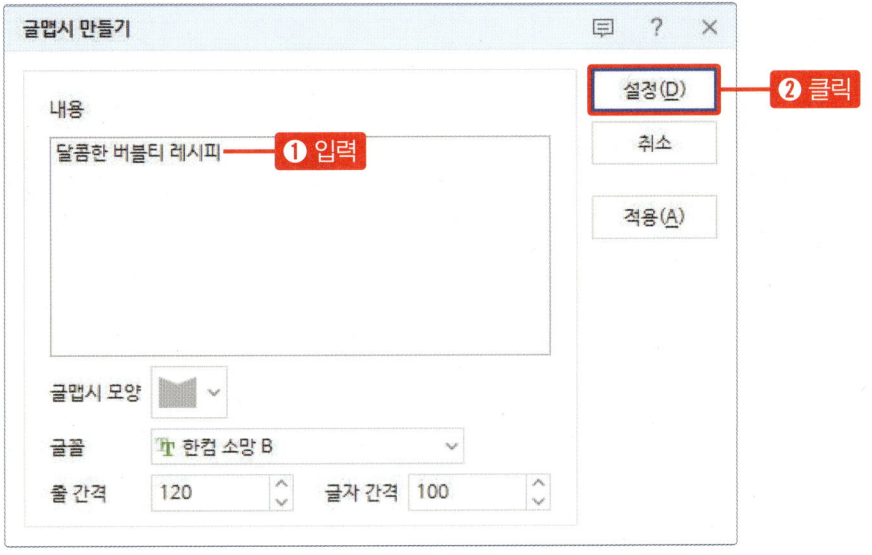

04 글맵시가 삽입되면 글맵시 개체를 마우스 오른쪽 버튼으로 클릭하여 [개체 속성]을 클릭하고 [개체 속성] 창이 나타나면 [위치]-[본문과의 배치]-[글 앞으로(☰)]를 선택한 후 [설정]을 클릭해요.

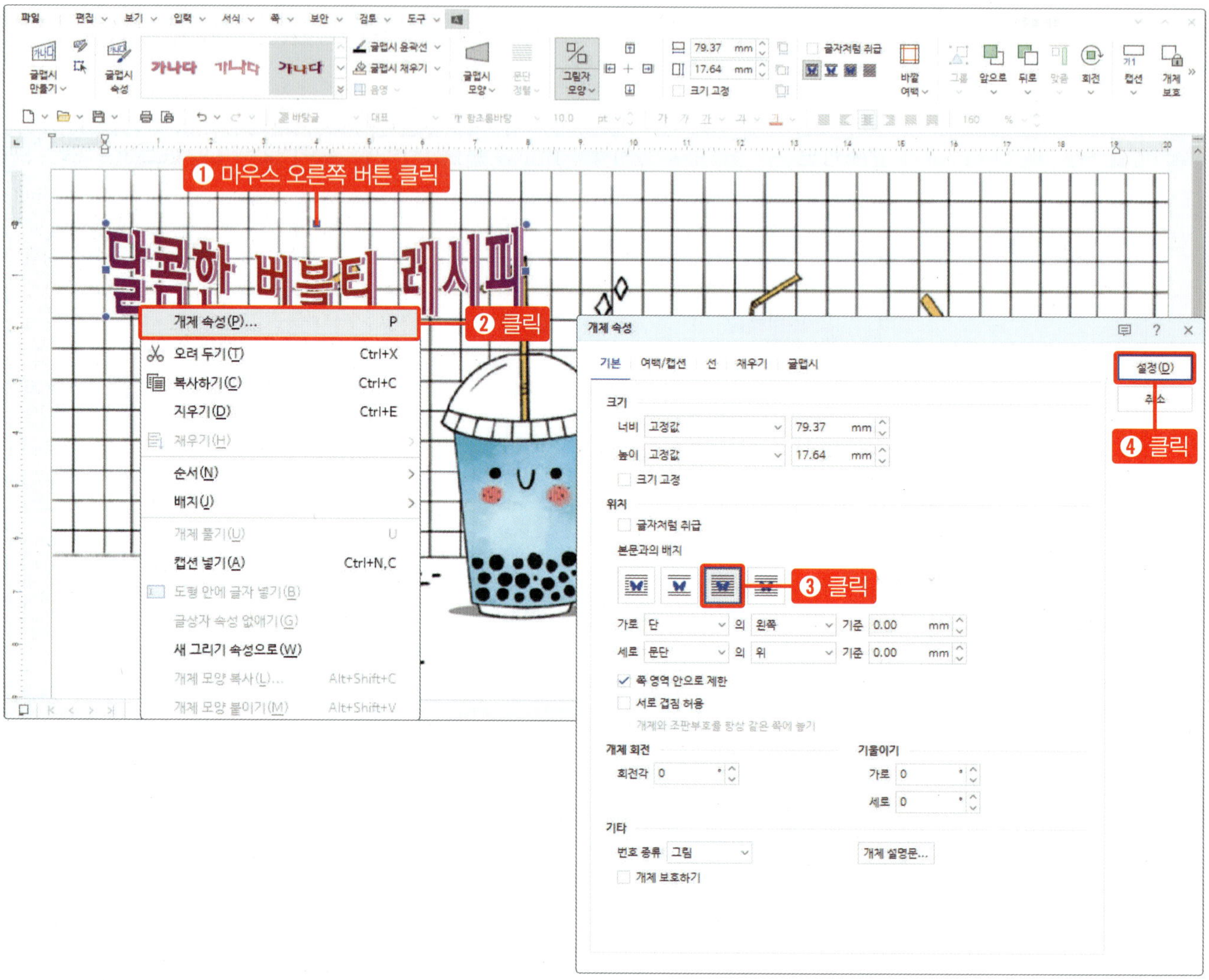

05 글맵시 개체를 드래그하여 그림과 같이 위치를 변경해요.

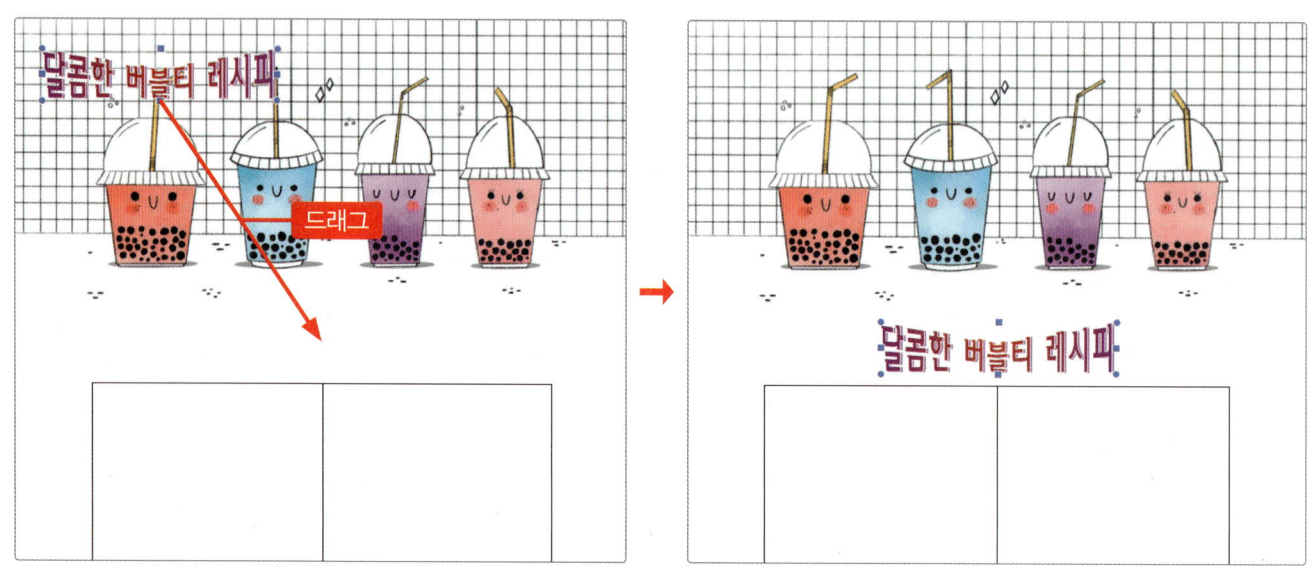

미션 02 이미지로 셀 배경 채우고 글자 서식 지정하기

셀 배경을 이미지로 채우고 글자 서식을 지정하여 버블티 레시피를 완성해 봐요.

01 표의 첫 번째 셀을 클릭하고 마우스 오른쪽 버튼을 클릭하여 [셀 테두리/배경]-[각 셀마다 적용]을 클릭해요.

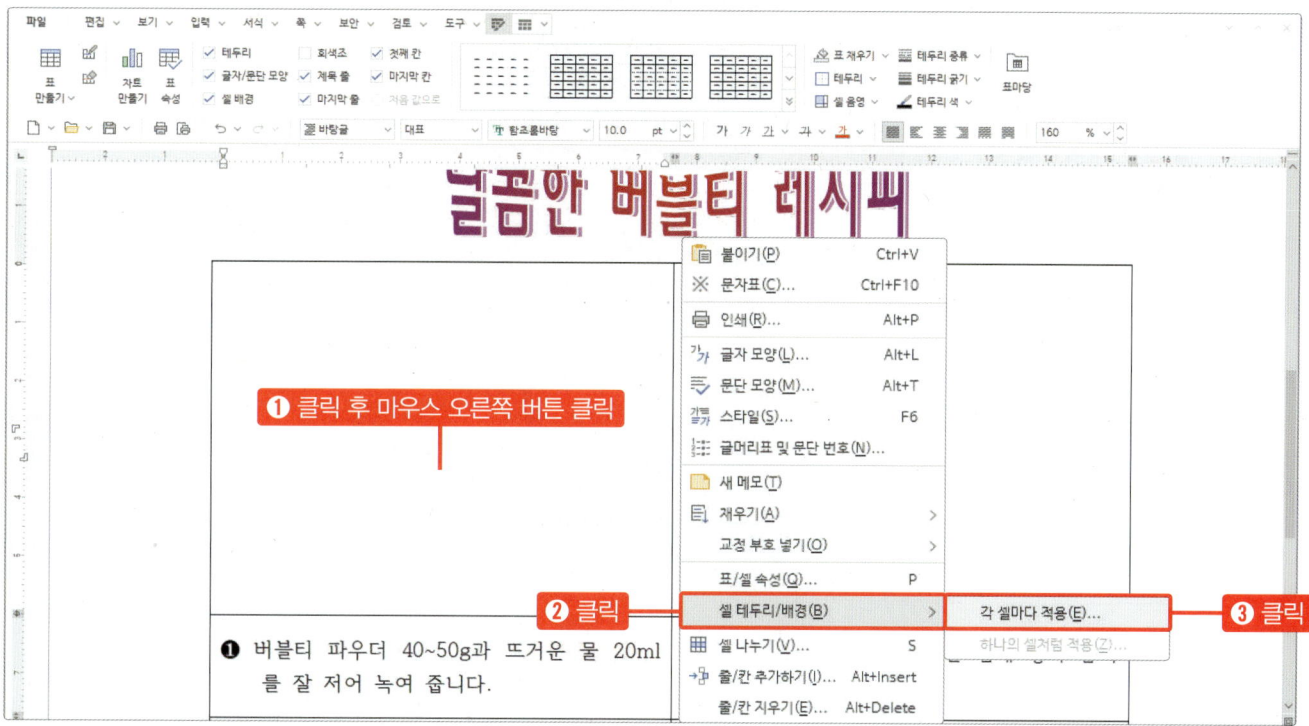

02 [셀 테두리/배경] 창이 나타나면 [배경] 탭-[그림]에 체크하고 [그림 선택(📁)]을 클릭하여 '이미지1.jpg' 파일을 불러온 후 [설정]을 클릭해요.

웅이's tip

[셀 테두리/배경] 창의 [그림] 항목에서 '밝기', '대비' 값을 조절하면 이미지의 밝기와 대비를 조절할 수 있어요.

03 01~02와 같은 방법으로 각 셀 배경을 '이미지2'~'이미지4'로 채워요.

04 Ctrl 키를 누른 상태로 ❶번 레시피가 적혀 있는 셀을 클릭하여 선택한 후 서식 도구 상자에서 글꼴과 크기를 변경해요.

05 같은 방법으로 글자 서식을 자유롭게 지정하여 버블티 레시피를 완성해 보세요.

생각 쏙쏙 실력 쑥쑥

▶ 예제 파일 : 09강 폴더   ▶ 완성 파일 : 09강 창의 완성.hwpx

1 실습 파일을 불러와 글맵시를 이용하여 올바른 손씻기 제목을 만들어 보세요.

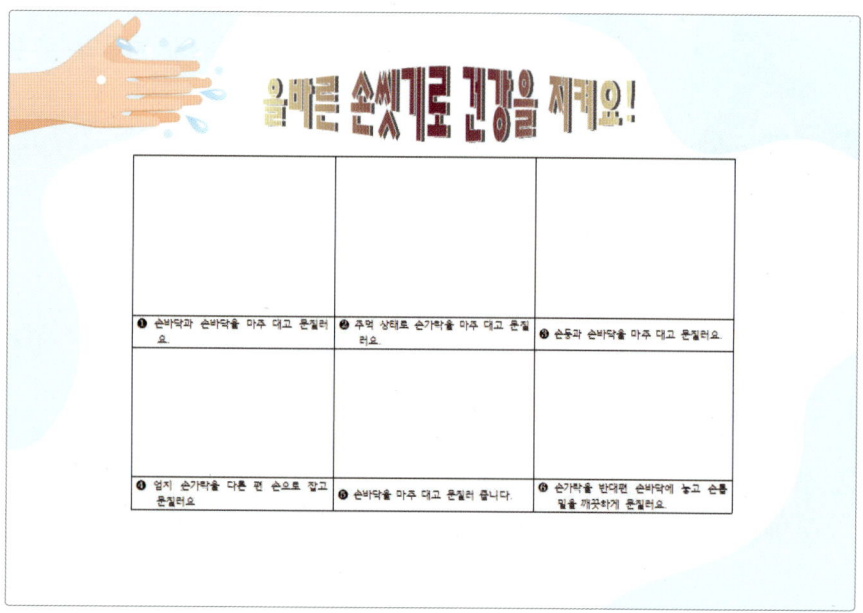

짹짹힌트 '채우기 - 회색 그러데이션, 회색 그림자, 팽창 모양'의 글맵시를 이용해 보세요.

2 셀 배경을 이미지로 채우고 글자 서식을 변경하여 올바른 손씻기 6단계를 완성해 보세요.

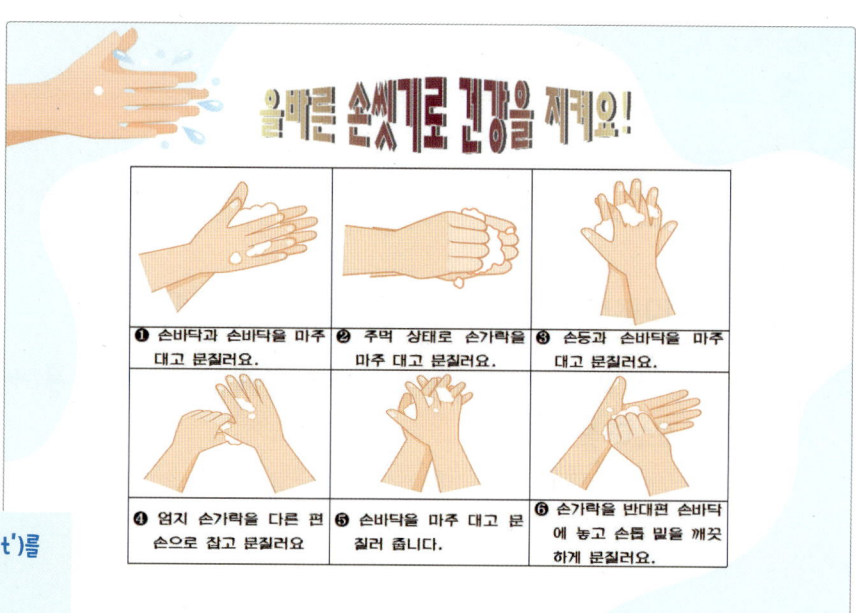

짹짹힌트 글꼴('MD아트체')과 크기('15pt')를 지정해 보세요.

Step 10 지켜요! 지구의 날 포스터 만들기

오늘은 무엇을 배울까요?
- 쪽 배경을 이미지로 채워 지구의 날 포스터 배경을 만들어요.
- 그림에 있는 글자를 불러와 지구의 날 포스터를 완성해요.

1. 구글 지구의 날 게임을 실행해요.
2. 꿀벌을 움직여 다양한 색깔의 꽃가루로 꽃을 키워요.

● 예제 파일 : 10강 폴더 ● 완성 파일 : 10강 완성.hwpx

1. 쪽 배경을 이미지로 채워 지구의 날 포스터 배경을 만들어요.
2. 그림에서 글자 가져오기 기능을 이용해 그림에 있는 글자를 불러와 지구의 날 포스터를 완성해요.

구글 '쏙' 지구의 날 게임 진행하기

지구의 날 게임을 실행해 꿀벌을 움직이며 다양한 색깔의 꽃가루를 옮겨 꽃을 키우는 미션을 해결해 봐요.

01 지구의 날 게임의 미션을 확인해 봐요.

미션 ❶	꿀벌이 민들레 홀씨에 닿게 하여 꿀벌과 관련된 짧은 상식을 확인해요.
미션 ❷	꿀벌이 꽃들 사이를 비행하며 꽃가루를 수집하고 꽃가루를 다른 꽃으로 옮겨 꽃을 키워요.
미션 ❸	게임을 진행하며 꿀벌이 우리 생태계에 어떤 영향을 주는지 확인해 봐요.

02 '10강 지구의 날' 파일을 더블클릭하여 '지구의 날' 게임을 실행하고 게임을 진행해 봐요.

❶ 지구의 날 게임 실행하기

❷ 마우스로 꿀벌 움직여 꽃가루 수집하기

❸ 다른 꽃에 꽃가루 옮겨 꽃 키우기

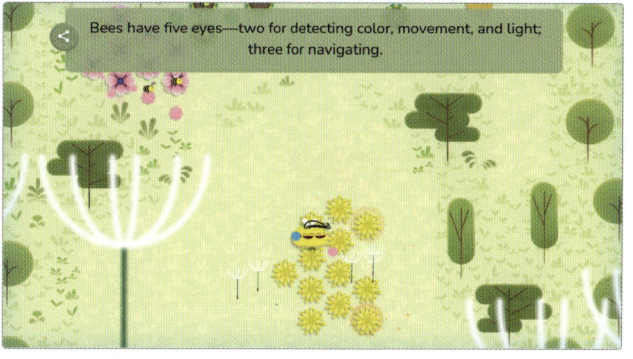
❹ 민들레 홀씨에 닿아 꿀벌에 관련된 상식 확인하기

구글 '지구의 날' 게임

지구의 날은 1969년 미국 캘리포니아주에서 발생한 기름 유출 사고를 계기로 지구 환경을 보호하자는 취지로 만들어졌어요. 구글은 매년 4월 22일인 지구의 날을 기념하기 위해 꿀벌 보호 비영리 단체인 '꿀벌보존센터(Honeybee Conservancy)'와 협력해 작은 생명체인 꿀벌을 소개하는 게임을 선보였어요.

미션 01 쪽 배경을 이미지로 채워 포스터 배경 만들기

쪽 배경을 이미지로 채워 지구의 날 포스터 배경을 만들어봐요.

01 한글 프로그램(호)을 실행한 후 [쪽] 탭-[쪽 테두리/배경(📄)]을 클릭해요.

02 [쪽 테두리/배경] 창이 나타나면 [배경] 탭-[그림]에 체크하고 [그림 선택(📁)]을 클릭하여 '이미지1.jpg' 파일을 불러온 후 [설정]을 클릭해요.

그림에 있는 글자 불러와 지구의 날 포스터 완성하기

그림에서 글자 가져오기 기능을 이용하여 글자를 불러와 지구의 날 포스터를 완성해 봐요.

01 [입력] 탭-[그림( )]-[그림에서 글자 가져오기]를 클릭하여 [그림에서 글자 가져오기] 창이 나타나면 [추가(+)]를 클릭한 후 '이미지2.jpg' 파일을 불러와요.

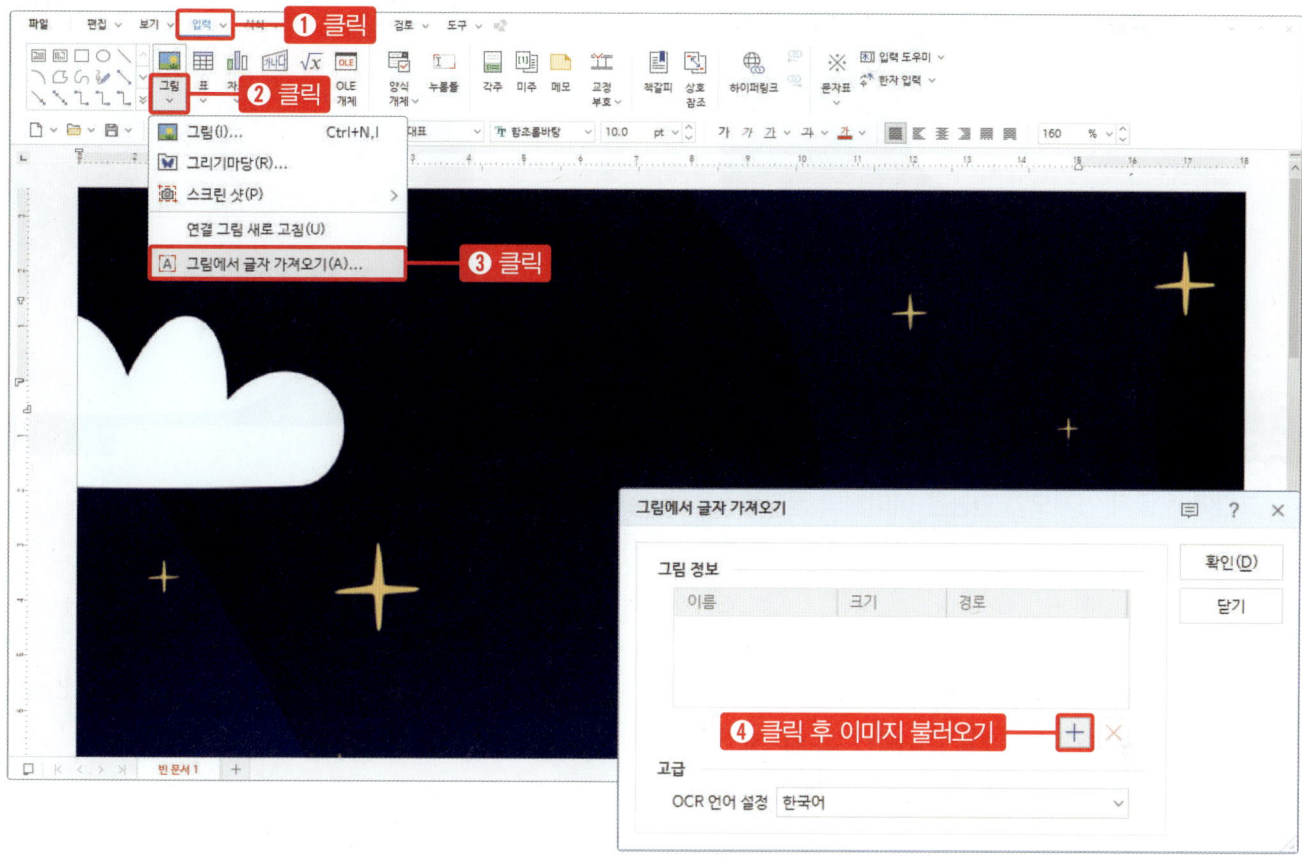

02 [그림 정보]에 불러온 이미지 정보가 나타나면 [확인]을 클릭한 후 [글자 가져오기를 완료했습니다.] 메시지가 나타나면 다시 [확인]을 클릭해요.

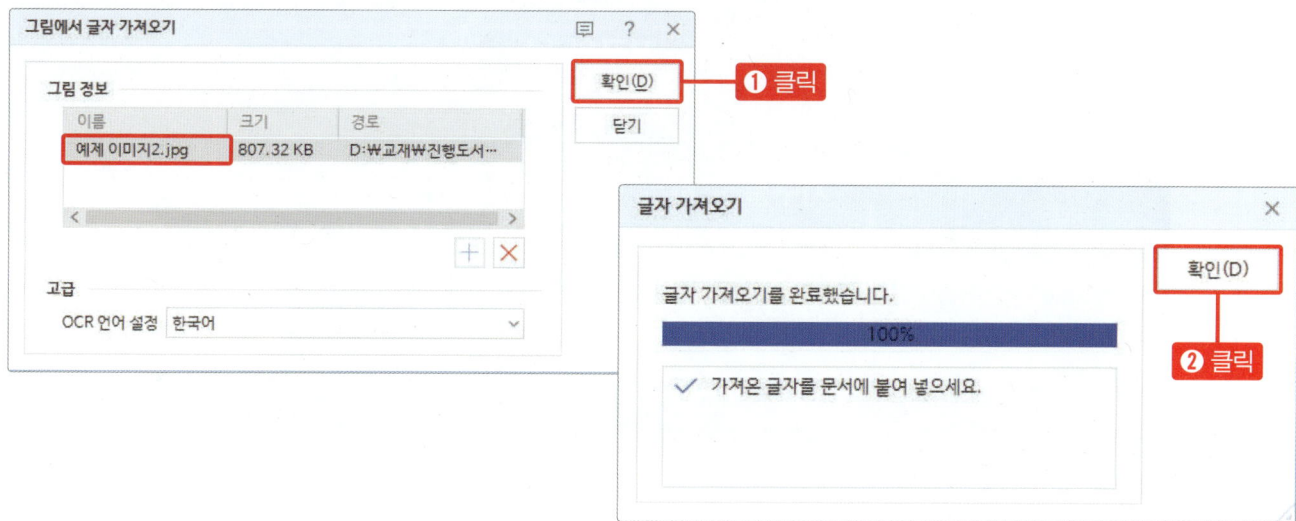

Step 10. 지켜요! 지구의 날 포스터 만들기 71

03 화면에서 마우스 오른쪽 버튼을 클릭하고 [붙이기]를 클릭해요.

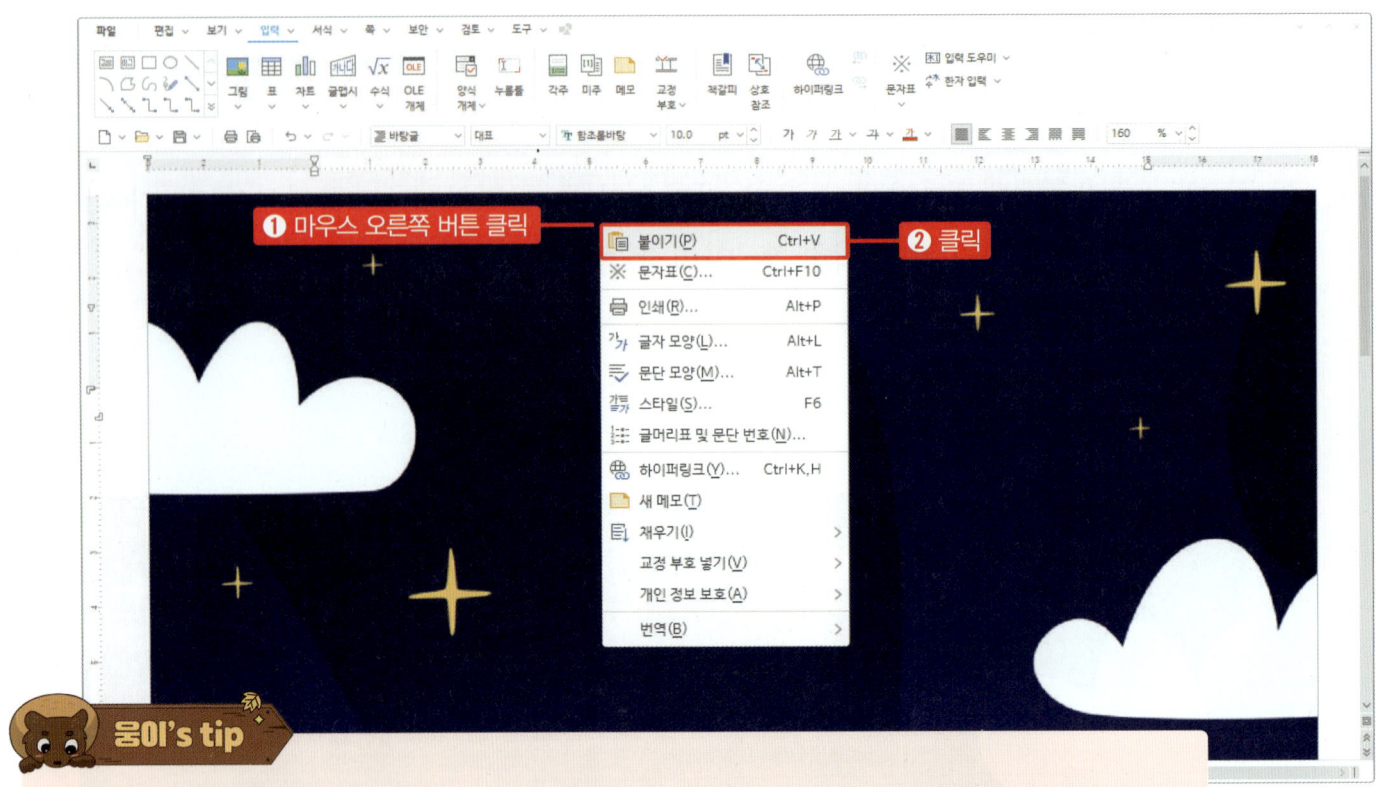

뭉이's tip
그림에서 글자 가져오기 기능은 이미지의 글자를 인식하여 불러와주는 편리한 기능이지만 가끔 오류가 발생할 수 있어 글자를 가져온 후에는 내용을 읽어보고 오류가 있는 부분은 직접 수정해줘야 해요.

04 글자가 붙여 넣어지면 Ctrl + A 키를 눌러 글자를 모두 선택한 후 서식 도구 상자에서 글꼴('HY견고딕'), 크기('15pt'), 글자 색('하양'), 정렬('가운데 정렬')을 지정해요.

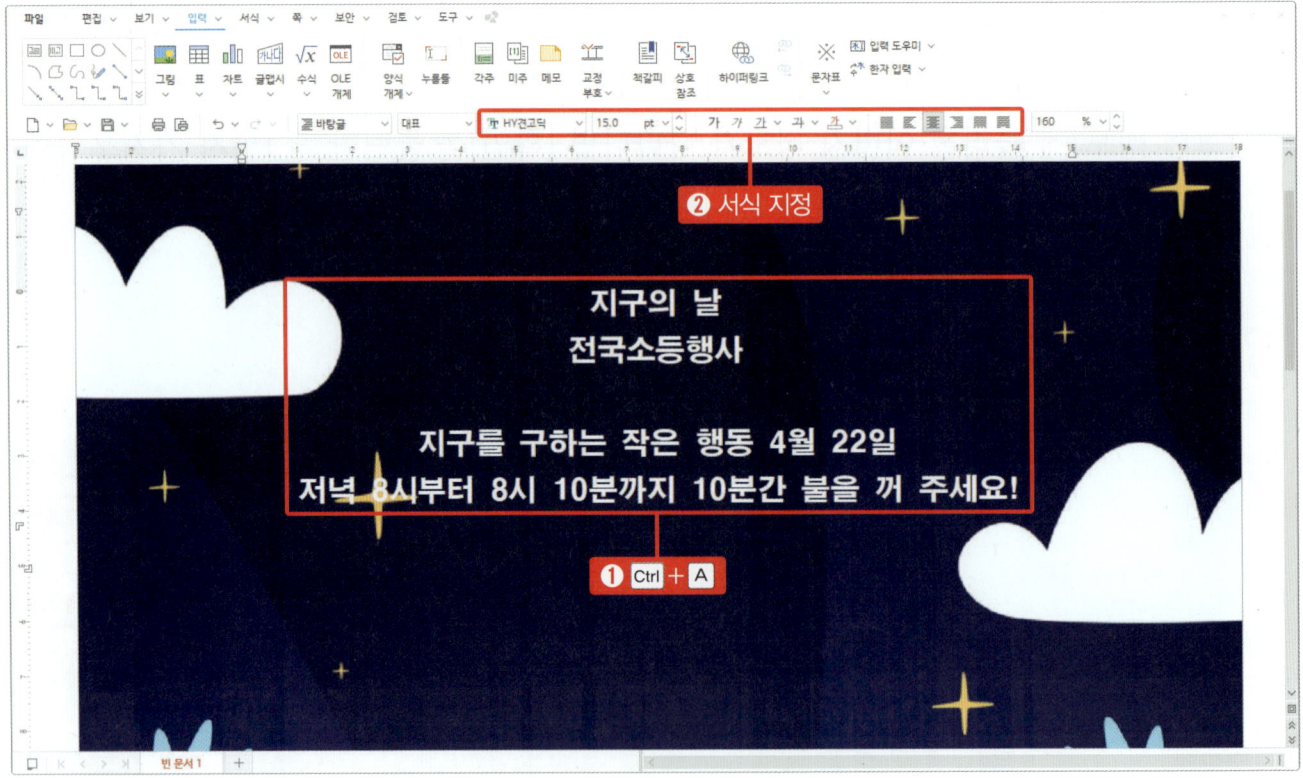

05 '지구의 날' 글자를 드래그하여 영역 지정하고 글자 크기를 '24pt'로 변경한 후 글자 색을 '시안'으로 선택해요.

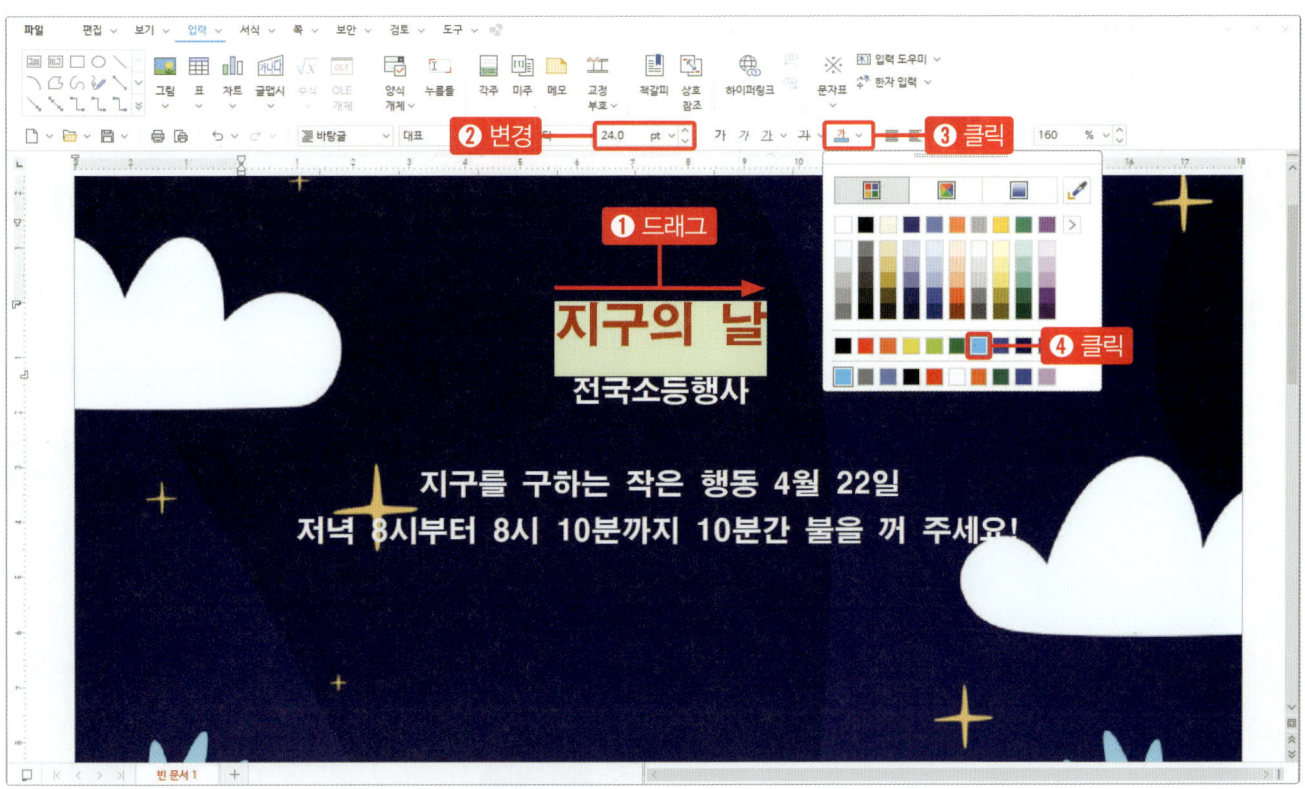

06 같은 방법으로 글자 서식을 변경하여 지구의 날 포스터를 완성해 보세요.

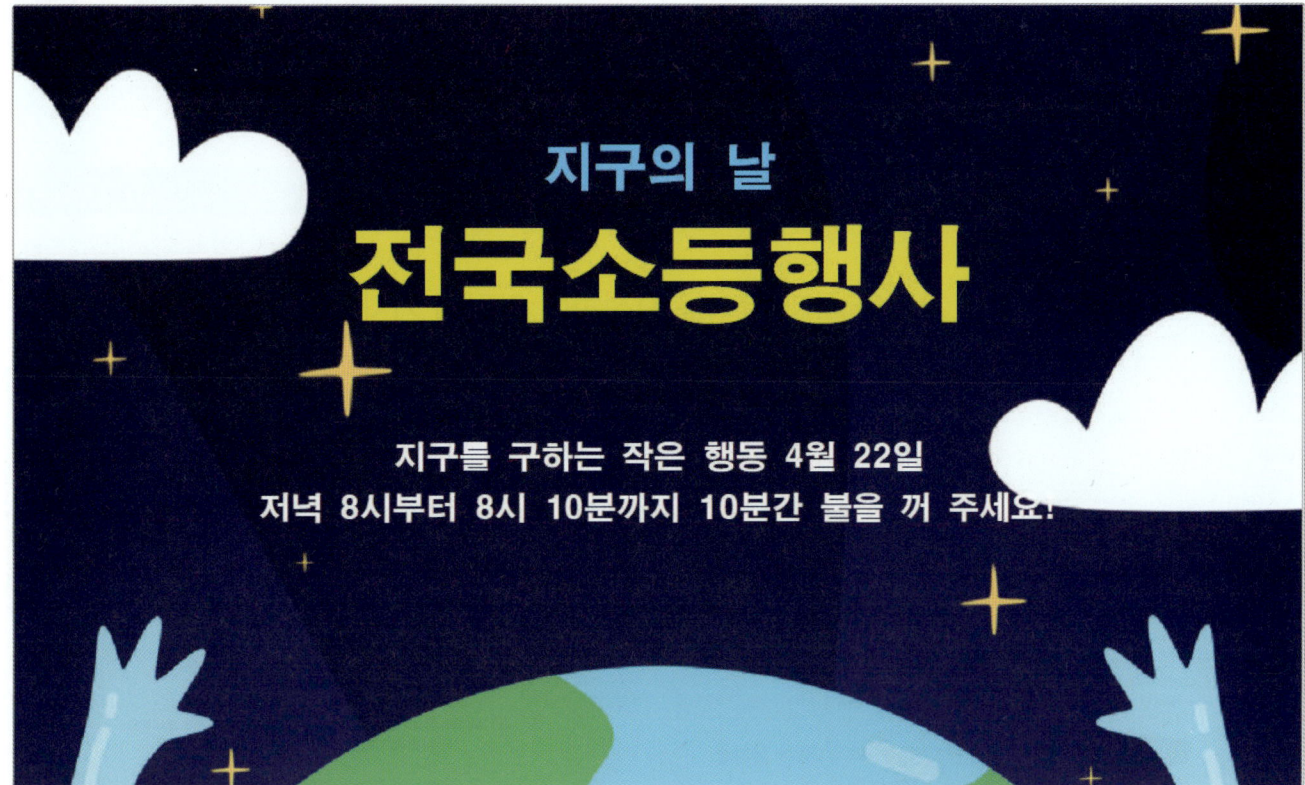

생각 쏙쏙 실력 쏙쏙

▶ 예제 파일 : 10강 폴더 ▶ 완성 파일 : 10강 창의 완성.hwpx

1 새 문서를 실행하고 쪽 배경을 이미지로 채워 어린이 기자단 기사 배경을 만들어 보세요.

짹짹힌트 '예제 이미지1.jpg' 파일을 이용하여 쪽 배경을 만들어요.

2 그림에서 글자를 가져와 글자 서식을 지정하여 어린이 기자단 기사를 완성해 보세요.

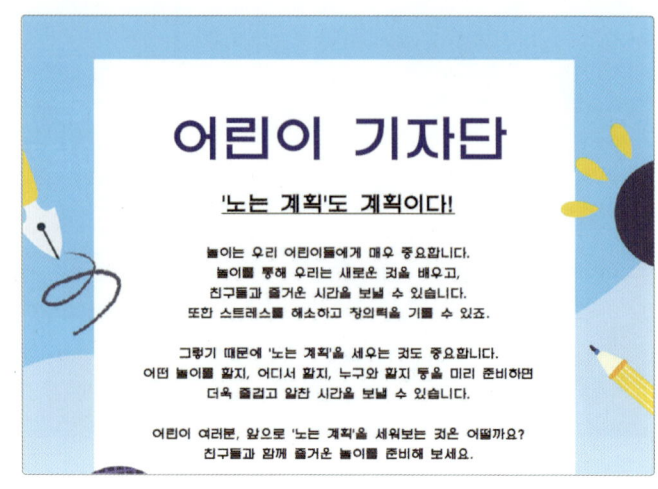

짹짹힌트 '예제 이미지2.jpg' 파일에서 글자를 가져와 글자 서식을 변경해요.

Step 11 랄랄라~! 어린이 작곡가

오늘은 무엇을 배울까요?

- 외부 이미지를 삽입하고 복사하여 악보를 꾸며요.
- 글자에 강조점을 설정하고 글자 서식을 지정하여 악보를 완성해요.

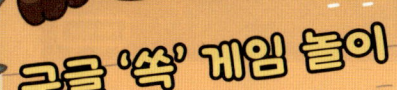

1. 구글 바흐 게임을 실행해요.
2. 인공지능(AI)을 활용해 음악을 작곡해요.

● 예제 파일 : 11강 폴더   ● 완성 파일 : 11강 완성.hwpx

1. 음표 이미지를 삽입하고 복사해 학교종이 땡땡땡 악보를 만들어요.
2. 글자에 강조점을 설정하고 글자 서식을 지정해 악보를 완성해요.

Step 11. 랄랄라~! 어린이 작곡가

구글 '쏙' 바흐 게임 진행하기

바흐 게임을 실행해 AI가 나만의 노래를 작곡하도록 해봐요.

'11강 바흐' 파일을 더블클릭하여 '바흐' 게임을 실행하고 나만의 노래를 작곡해 봐요.

❶ 바흐 게임 실행하기

❷ [Skip Intro] 클릭하기

❸ 마우스 이용하여 멜로디 만들기

❹ [재생] 클릭하여 입력한 멜로디 확인하기

❺ [Harmonize(화음 넣기)] 클릭하여 AI로 화음 만들기

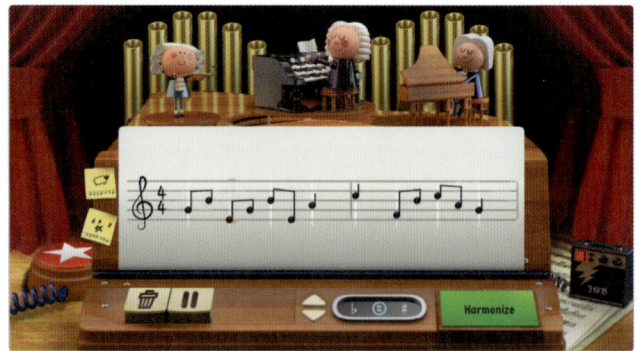

❻ AI가 만들어준 멜로디 감상하기

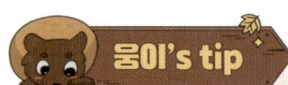

구글 '바흐' 게임

구글 바흐 게임은 구글이 작곡가 바흐의 탄생일을 기념하여 제작한 AI 기반의 악보 제작 서비스예요. 사용자가 악보에 음표를 추가하여 멜로디를 만들면 바흐 스타일의 음악이 완성된답니다. 구글 바흐 게임은 바흐가 작곡한 300여 곡의 작품을 분석하여 사용자가 입력한 멜로디의 패턴을 인식하고 화음을 만들 수 있어요. 이는 '코코넷'이라는 인공지능이 바흐의 합창곡과 패턴을 학습하여 자동으로 멜로디를 작곡하는 원리를 이용한 기술이에요.

미션 01 음표 이미지 삽입하고 복사하여 악보 만들기

음표 이미지를 삽입하고 복사하여 학교종이 땡땡땡 악보를 만들어 봐요.

01 한글 프로그램(![hwp])을 실행한 후 [파일] 탭-[불러오기]를 클릭하여 [불러오기] 대화상자가 나타나면 '11강 예제.hwpx' 파일을 불러와요.

02 [입력] 탭-[그림(![img])]을 클릭하여 [그림 넣기] 창이 나타나면 '음표1.png' 파일을 선택하고 [열기]를 클릭해요.

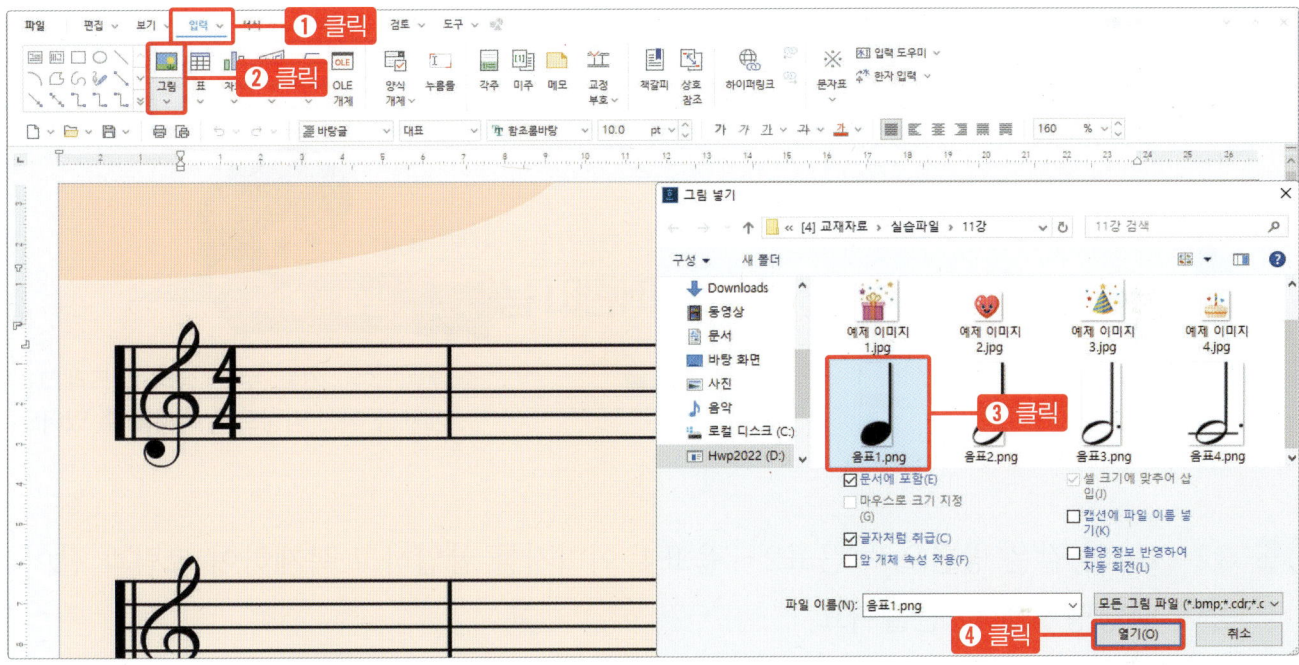

03 '음표1' 이미지가 삽입되면 '음표1' 이미지를 마우스 오른쪽 버튼으로 클릭하고 [개체 속성]을 클릭하여 '글자처럼 취급'에 체크를 해제하고 [본문과의 배치]에서 '글 앞으로(![icon])'를 선택한 후 [설정]을 클릭해요.

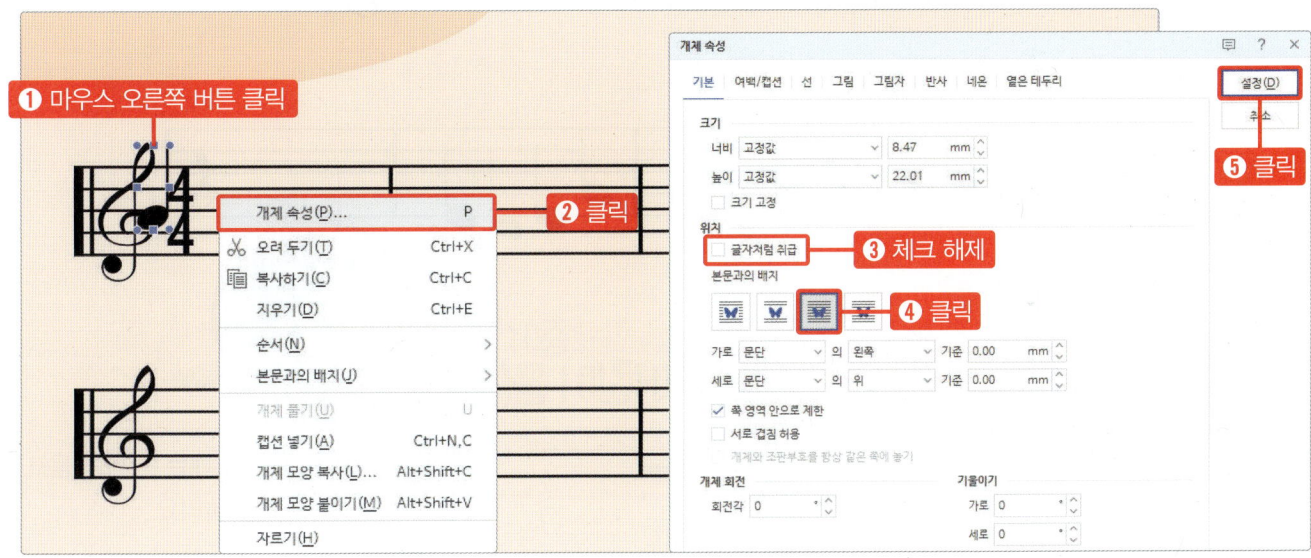

Step 11. 랄랄라~! 어린이 작곡가 **77**

04 Ctrl 키를 누른 상태로 '음표1' 이미지를 드래그하여 복제한 후 그림과 같이 음표의 위치를 조절해요.

Shift + Ctrl 키를 누른 상태로 드래그하면 개체를 직선 방향으로 복제할 수 있어요.

05 02~04와 같은 방법으로 '음표2'~'음표4' 이미지를 삽입하고 복제하여 그림과 같이 학교종이 땡땡땡 악보를 만들어요.

음표를 삭제하고 싶을 때는 삭제할 음표를 선택한 후 Delete 키를 눌러요.

글자에 강조점 적용하고 글자 서식 지정하기

글자에 강조점을 적용하고 글자 서식을 지정하여 학교종이 땡땡땡 악보를 완성해 봐요.

01 [입력] 탭-[가로 글상자(▭)]를 클릭하고 마우스를 드래그하여 글상자를 삽입한 후 "학교 종이 땡땡땡 어서 모이자"를 입력해요.

02 글상자를 선택한 후 [도형(▥)] 탭에서 도형 윤곽선과 도형 채우기를 모두 '없음'으로 지정하고 서식 도구 상자에서 글자 서식을 자유롭게 지정해요.

 글꼴과 글자 색을 다양하게 지정하여 나만의 개성 있는 악보를 만들어 보세요.

03 '땡땡땡' 글자를 드래그하여 영역 지정한 후 마우스 오른쪽 버튼을 클릭하고 [글자 모양]을 클릭하여 [글자 모양] 창이 나타나면 [확장] 탭-[강조점]에서 원하는 강조점을 선택하고 [설정]을 클릭해요.

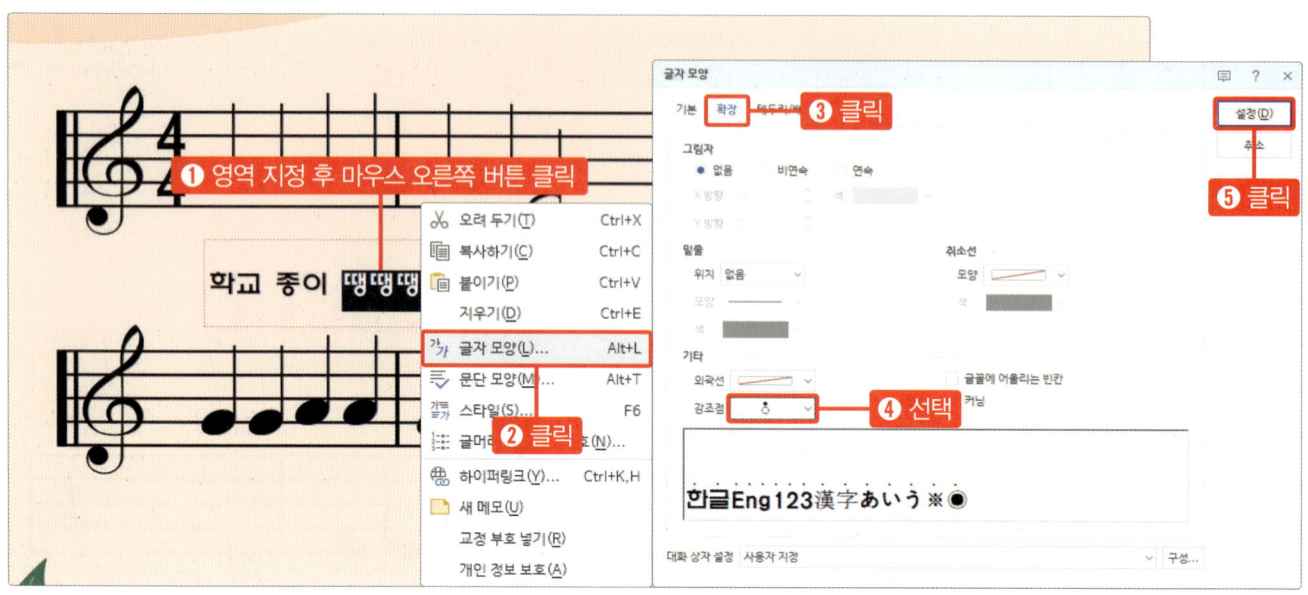

04 앞서 배운 내용을 참고하여 글상자에 가사를 입력하고 글자 서식을 지정하여 학교종이 땡땡땡 악보를 완성해 보세요.

Space Bar 키를 눌러 글자와 글자 간격을 조절하여 가사를 음표의 위치에 맞게 조정해 보세요.

생각 쏙쏙 실력 쑥쑥

▶ 예제 파일 : 11강 폴더   ▶ 완성 파일 : 11강 창의 완성.hwpx

1 실습 파일을 불러와 이미지를 삽입하고 복제하여 생일 편지지를 꾸며 보세요.

짹짹힌트 '예제 이미지'~'예제 이미지4' 파일을 이용하여 생일 편지지를 꾸며요.

2 글상자를 삽입하고 글자에 강조점을 적용하여 생일 편지지를 완성해 보세요.

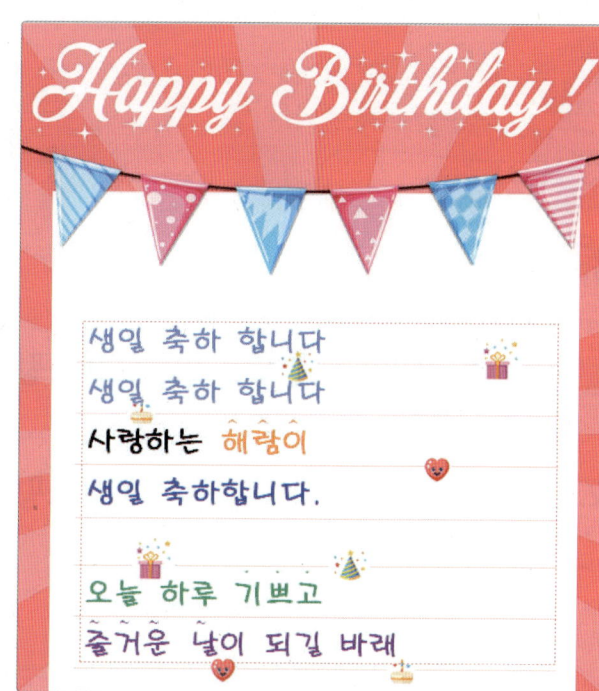

짹짹힌트 친구의 생일을 축하하는 편지를 써보고 글자 서식을 자유롭게 지정해 보세요.

Step 12 요로롱! 뱀돌이와 함께 쇼핑 카트 채우기

오늘은 무엇을 배울까요?

- 외부 이미지를 삽입하고 글 뒤로 위치를 이동시켜요.
- 클립아트를 삽입하여 쇼핑 리스트를 채워요.

구글 '쏙' 게임 놀이

1. 구글 스네이크 게임을 실행해요.
2. 과일을 먹으며 스네이크의 몸을 늘려요.

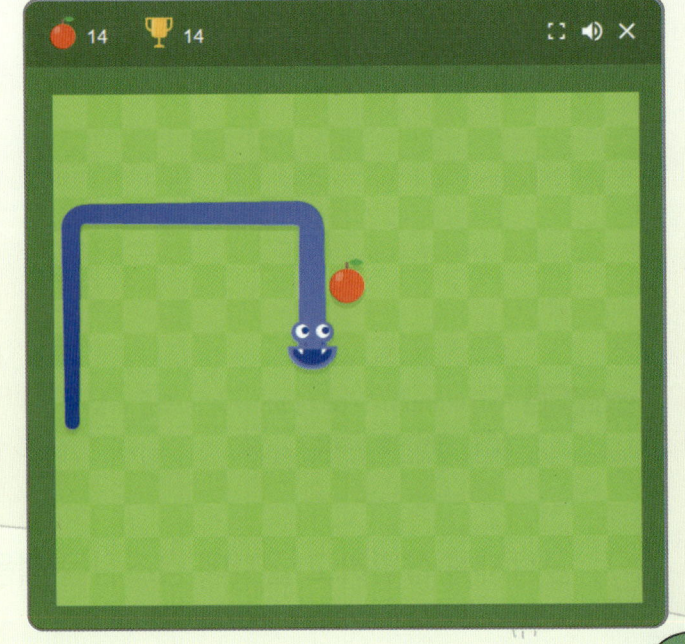

한글 창작 놀이

● 예제 파일 : 12강 폴더   ● 완성 파일 : 12강 완성.hwpx

1. 이미지를 삽입하고 글 뒤로 이동시켜 쇼핑 리스트를 만들어요.
2. 그리기마당의 클립아트를 다운로드하여 쇼핑 리스트를 채워요.

 ## 구글 '쏙' 스네이크 게임 진행하기

스네이크 게임을 실행해 스네이크가 오래 동안 살아남아 사과를 먹을 수 있도록 해봐요.

'12강 스네이크' 파일을 더블클릭하여 '스네이크' 게임을 실행하고 게임을 진행해 봐요.

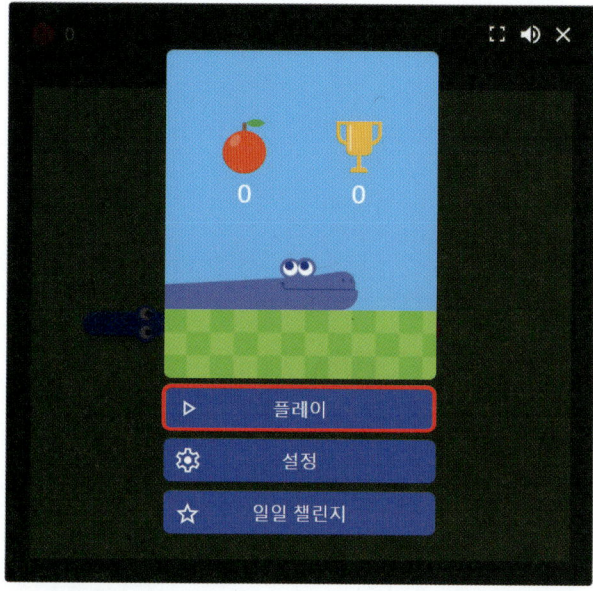

❶ [플레이] 클릭하기

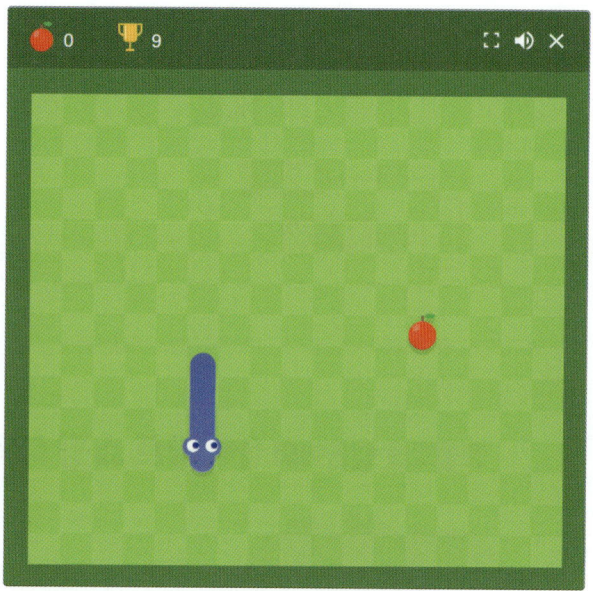

❷ ↑, ↓, ←, → 키 눌러 뱀 조종하기

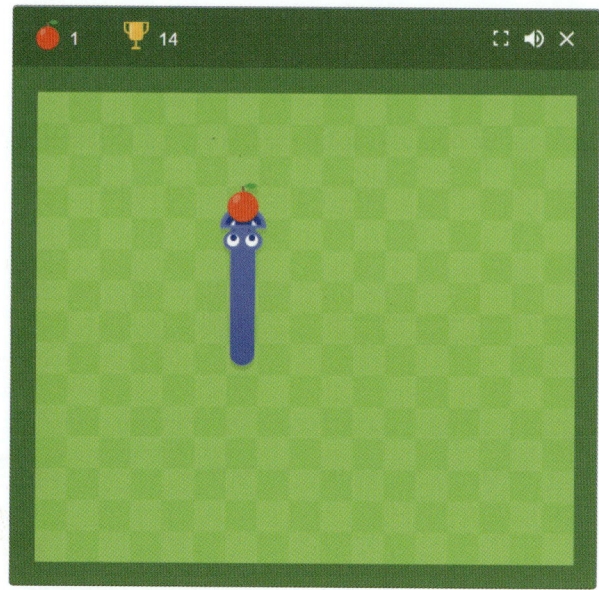

❸ 화면에 나타나는 사과 먹고 점수 획득하기

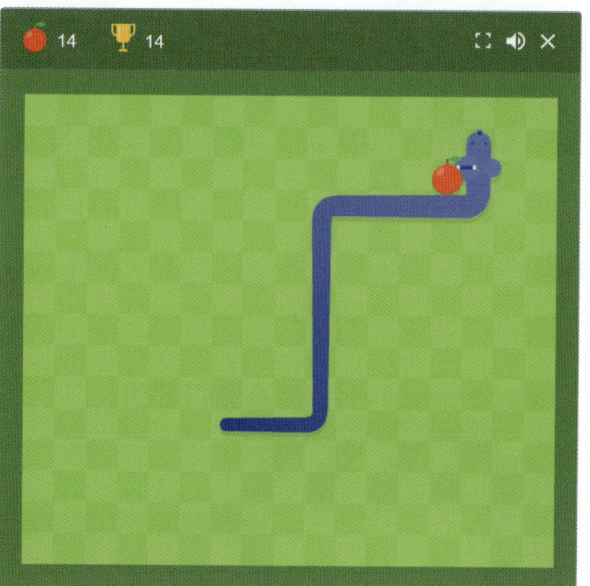

❹ 벽이나 장애물에 부딪히지 않게 뱀 조종하기

구글 '스네이크' 게임

구글 스네이크 게임은 2013년 2월 10일 뱀의 해와 중국의 음력 설을 기념하기 위해 구글에서 처음 공개되었어요. 처음의 스네이크 게임은 뱀이 중국의 음식을 먹는 게임이었지만 이후 구글에서 뱀이 사과를 먹는 버전도 출시되었어요.

Step 12. 요로롱! 뱀돌이와 함께 쇼핑 카트 채우기

미션 01 이미지 삽입하고 글 뒤로 이동시키기

쇼핑 리스트 이미지를 삽입하고 글 뒤로 위치를 이동시켜 봐요.

01 한글 프로그램(훈)을 실행한 후 [파일] 탭-[불러오기]를 클릭하여 [불러오기] 대화상자가 나타나면 '12강 예제.hwpx' 파일을 불러와요.

02 [입력] 탭-[그림(🌷)]을 클릭하여 [그림 넣기] 창이 나타나면 '쇼핑리스트.png' 파일을 선택하고 [열기]를 클릭해요.

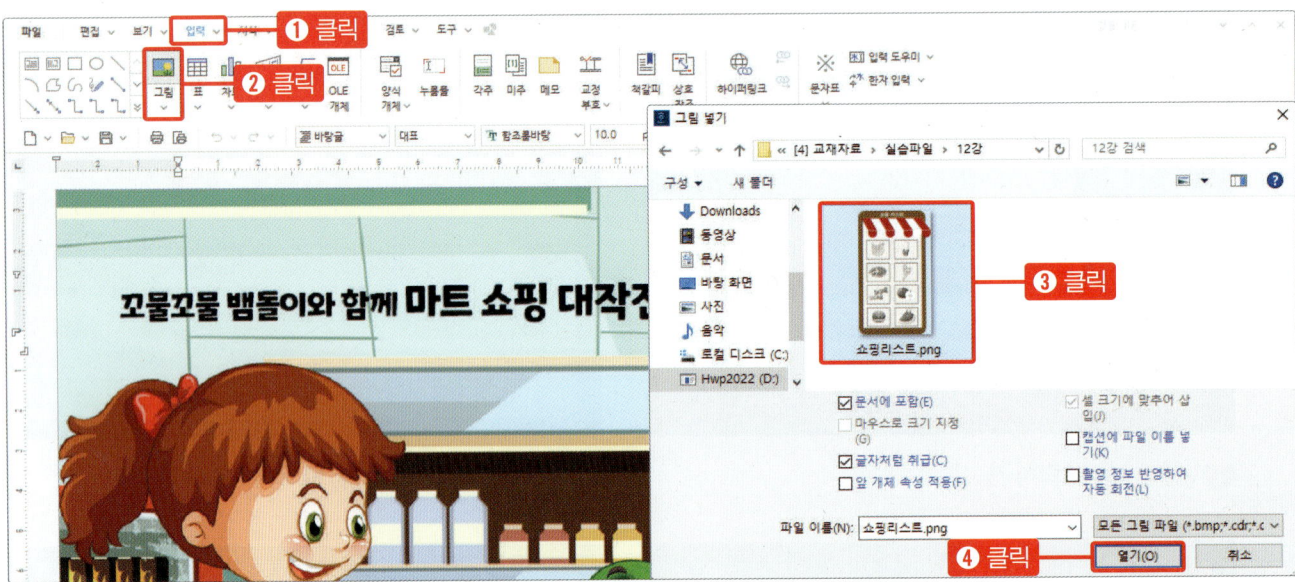

03 '쇼핑리스트' 이미지를 마우스 오른쪽 버튼으로 클릭하고 [개체 속성]을 클릭하여 [개체 속성] 창이 나타나면 '글자처럼 취급'에 체크를 해제하고 [본문과의 배치]에서 '글 뒤로(📄)'를 선택한 후 [설정]을 클릭해요.

84 또롱또롱 처음 배우는 한글 2022

클립아트 삽입하여 쇼핑 리스트 채우기

그리기마당에서 클립아트를 다운로드하여 삽입하고 쇼핑 리스트를 채워봐요.

01 '쇼핑리스트' 이미지를 드래그하여 그림과 같이 이동시키고 [입력] 탭-[그림()]-[그리기마당]을 클릭하여 [그리기마당] 창이 나타나면 [클립아트 다운로드]를 클릭해요.

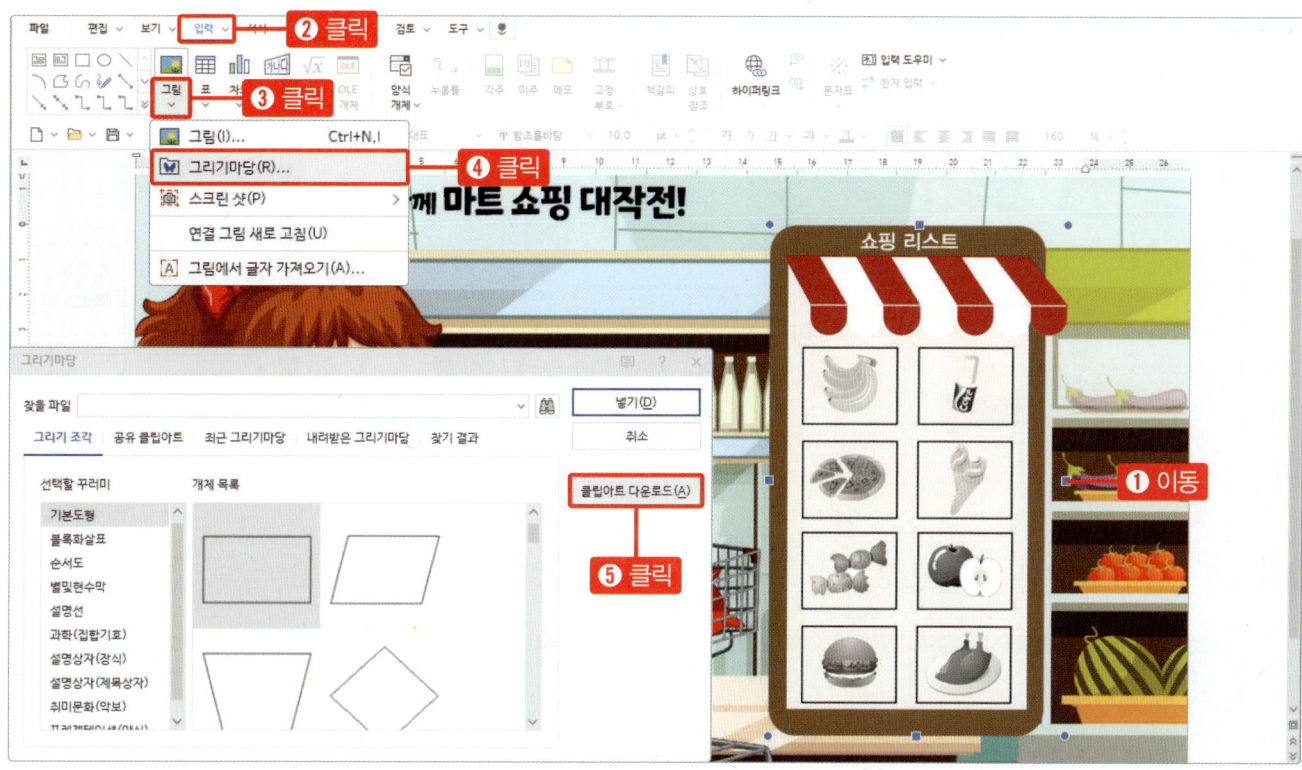

02 [한컴 애셋] 창이 나타나면 검색창에 "바나나"를 검색하여 이미지가 검색되면 '쇼핑리스트' 이미지에 있는 이미지를 선택한 후 [내려받기()]를 클릭하고 [확인]을 클릭해요.

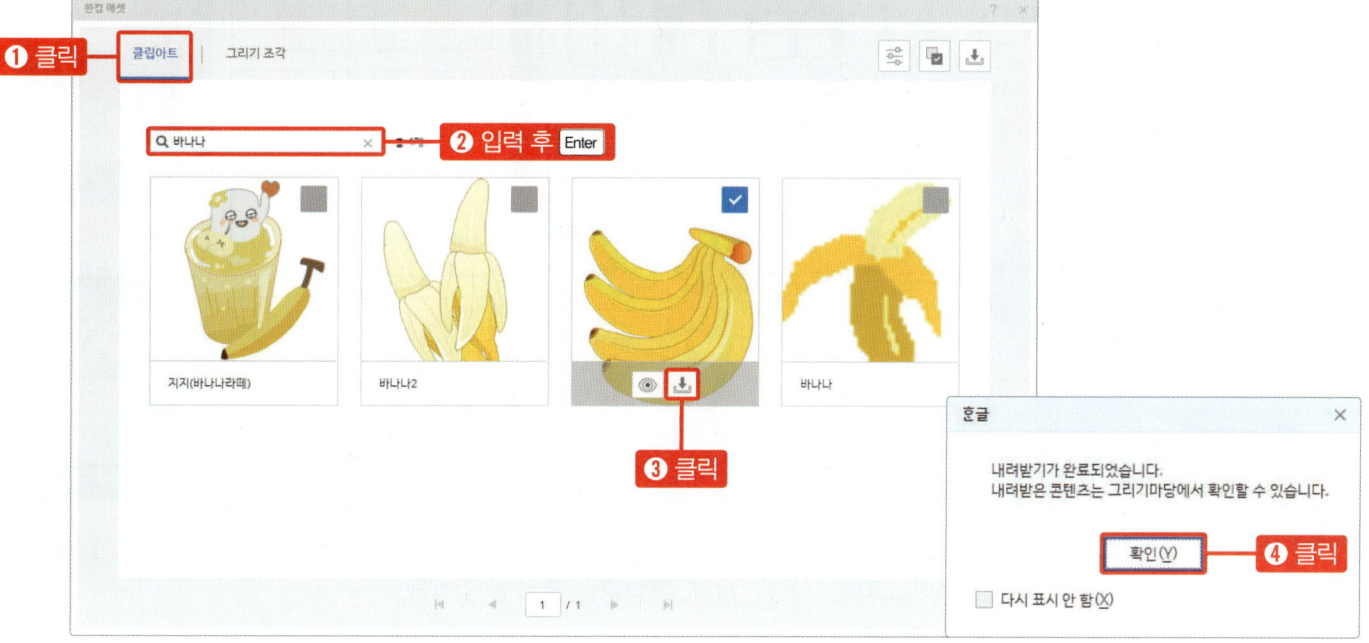

Step 12. 요로롱! 뱀돌이와 함께 쇼핑 카트 채우기

03 [한컴 애셋] 창을 닫고 [그리기마당] 창에서 [내려받은 그리기마당] 탭-[공유 클립아트] 목록에 내려받은 '바나나' 이미지를 선택한 후 [넣기]를 클릭해요.

04 이어서 마우스를 드래그하여 그림과 같이 클립아트를 삽입해요.

05 01~04와 같은 방법으로 그림과 같이 쇼핑 리스트를 채워 보세요.

> **움이's tip**
> 클립아트 검색창에 '콜라', '피자', '아이스크림', '사탕', '사과', '햄버거', '통닭'을 검색해요.

06 쇼핑 리스트에서 원하는 상품을 선택하고 Ctrl 키를 누른 상태로 쇼핑 카트로 드래그해요.

07 같은 방법으로 쇼핑 리스트의 상품을 쇼핑 카트에 담아 보세요.

생각 쏙쏙 실력 쏙쏙

▶ 예제 파일 : 12강 폴더　▶ 완성 파일 : 12강 창의 완성.hwpx

1 실습 파일을 불러와 클립아트를 내려 받아 숨은 곤충을 찾아 보세요.

짹짹힌트 '파리', '달팽이', '잠자리', '무당벌레', '나비', '벌'을 검색해 보세요.

2 숨어 있는 곤충을 찾아 빈 칸에 몇 마리의 곤충이 숨어 있는지 적어 보세요.

Step 13 짝 짝 꿍! 귀여운 동물 짝꿍 찾기

오늘은 무엇을 배울까요?

- 글맵시를 이용하여 동물 짝꿍 찾기 제목을 꾸며요.
- 셀 배경을 덮어쓰기하여 동물 찾기 게임을 진행해요.

구글 '쏙' 게임 놀이

1. 구글 산타 추적기 기억력 테스트 게임을 실행해요.
2. 숨어 있는 같은 그림을 찾아요.

한글 창작 놀이

● 예제 파일 : 13강 폴더 ● 완성 파일 : 13강 완성.hwpx

1. 글맵시를 삽입하고 속성을 지정하여 동물 짝꿍 찾기 제목을 꾸며요.
2. 셀 배경을 덮어쓰기하여 동물 짝꿍 찾기 게임을 진행해요.

구글 '쏙' 같은 그림 찾기 게임 진행하기

산타 추적기의 같은 그림 찾기 게임을 실행해 숨어 있는 같은 그림을 찾아 미션을 해결해 봐요.

01 같은 그림 찾기 게임의 미션을 확인해 봐요.

미션 ❶	닫혀 있는 문을 클릭해 그림을 확인해요.
미션 ❷	같은 그림이 숨겨져 있는 문을 클릭해 열어요.
미션 ❸	제한시간 안에 같은 그림을 모두 찾아 문을 열어요.

02 '13강 기억력 테스트' 파일을 더블클릭하여 '같은 그림 찾기' 게임을 실행하고 기억력 테스트를 해봐요.

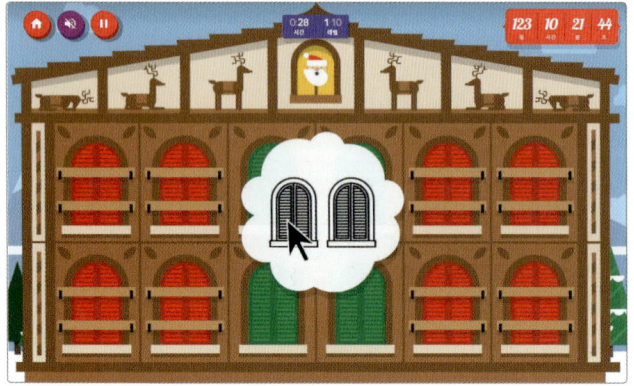

❶ 같은 그림 찾기 게임 실행하기

❷ 초록색 문 클릭해 그림 확인하기

❸ 다른 초록색 문 클릭해 같은 그림 찾기

❹ 같은 그림을 모두 찾고 다음 단계 진행하기

글맵시 이용하여 동물 짝꿍 찾기 제목 꾸미기

글맵시를 만들고 글맵시 종류와 속성을 지정하여 동물 짝꿍 찾기 제목을 꾸며봐요.

01 한글 프로그램(🅗)을 실행한 후 [파일] 탭-[불러오기]를 클릭하여 [불러오기] 대화상자가 나타나면 '13강 예제.hwpx' 파일을 불러와요.

02 [입력] 탭-[글맵시(가나다)]-[채우기-연두색 그러데이션, 볼록하게 위쪽으로 팽창 모양]을 선택한 후 [글맵시 만들기] 창이 나타나면 "귀여운 동물 짝꿍 찾기!"를 입력해요.

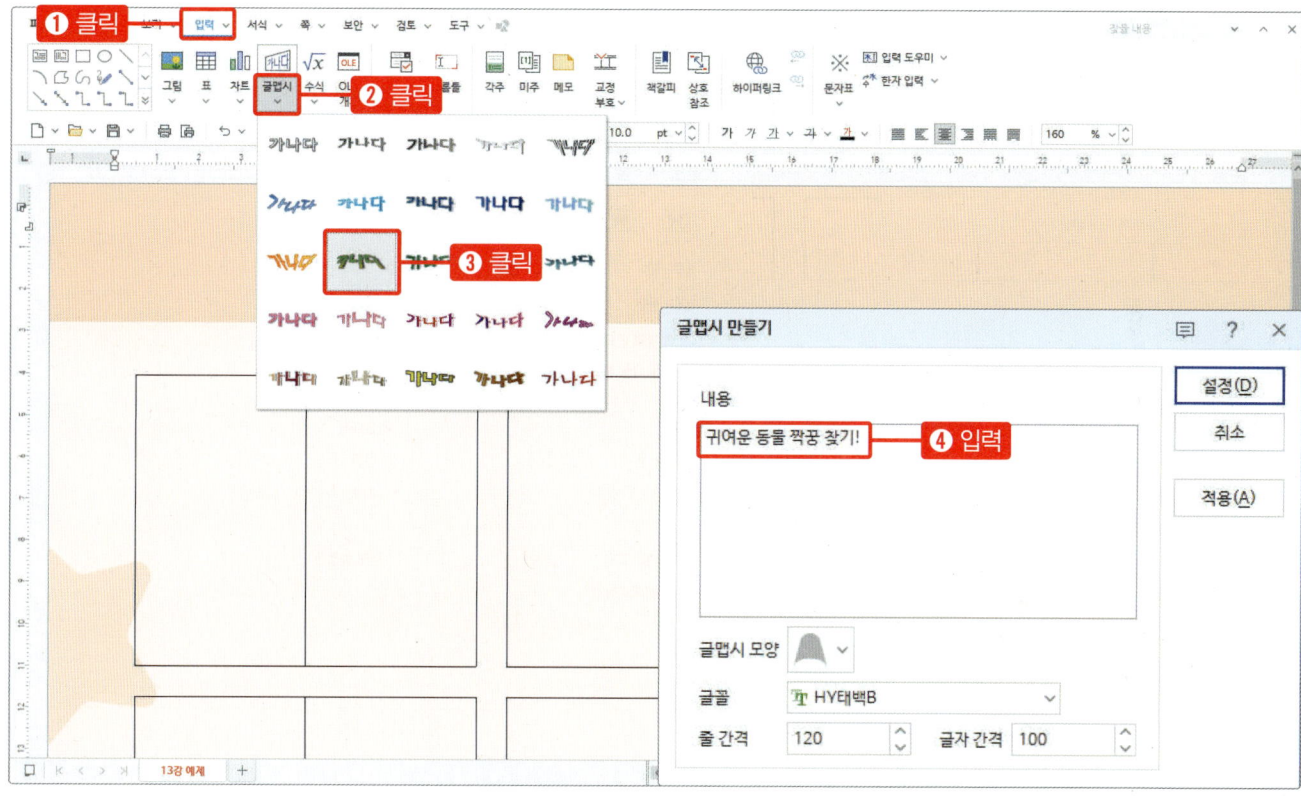

03 글맵시 모양을 '직사각형(□)' 모양으로 선택하고 글꼴을 자유롭게 지정한 후 [설정]을 클릭해요.

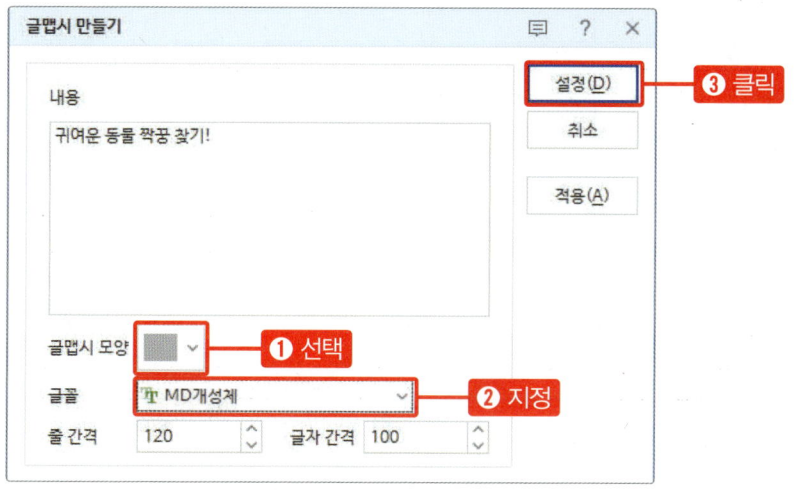

04 글맵시 개체를 마우스 오른쪽 버튼으로 클릭하여 [개체 속성]을 클릭하고 [개체 속성] 창에서 [본문과의 배치]-[글 앞으로(	)]를 선택한 후 [설정]을 클릭해요.

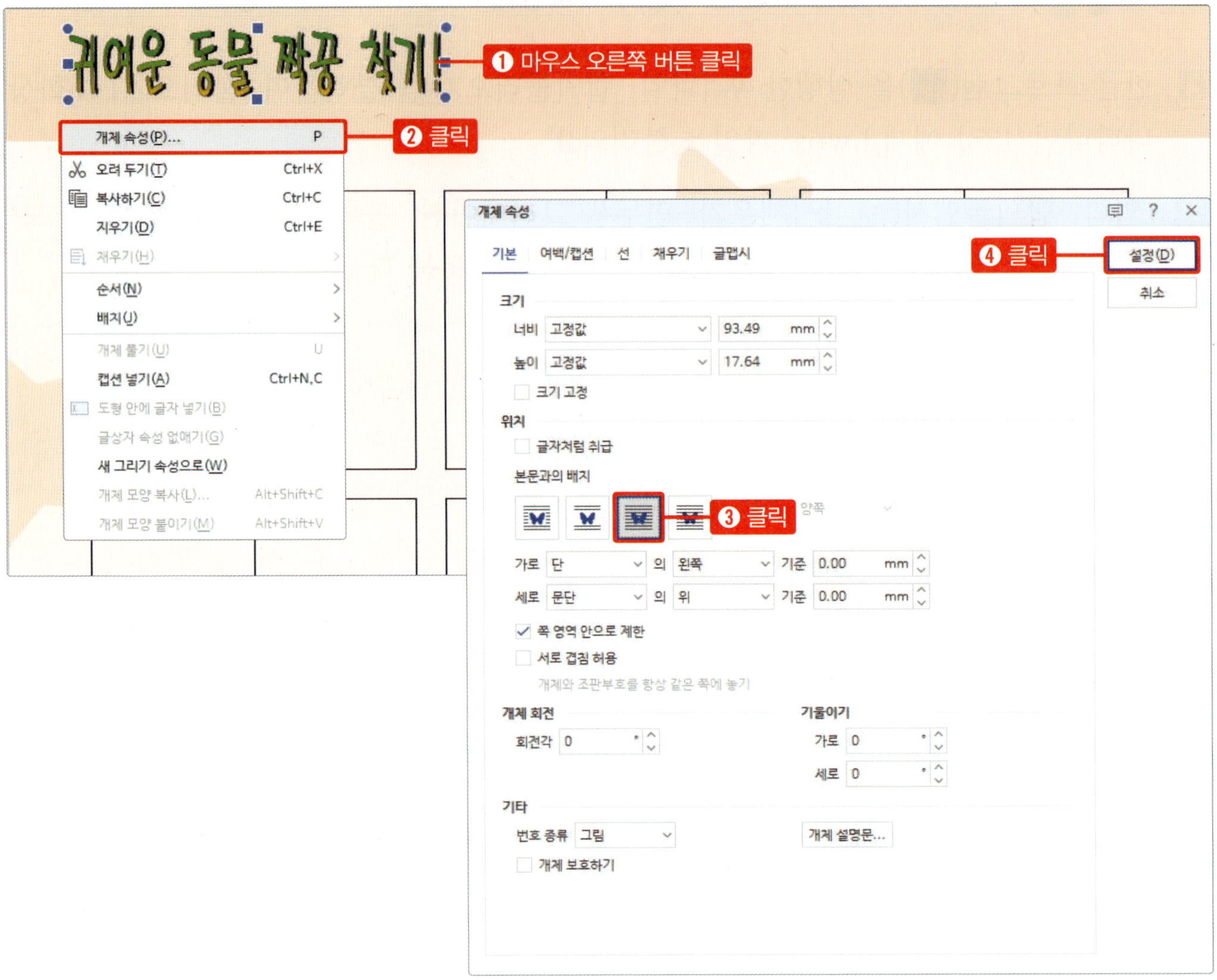

05 이어서 글맵시 개체의 위치를 그림과 같이 이동시키고 크기를 조절해요.

미션 02 셀 배경을 덮어쓰기하여 동물 짝꿍 게임 진행하기

셀 배경을 이미지로 채워 동물 짝꿍 게임을 만들고 셀 배경을 덮어쓰기하며 동물 짝꿍을 찾아봐요.

01 표의 첫 번째 셀을 클릭하고 마우스 오른쪽 버튼을 클릭한 후 [셀 테두리/배경]-[각 셀마다 적용]을 클릭하여 [셀 테두리/배경] 창이 나타나면 [배경] 탭-[그림]-[그림 선택(📁)]을 클릭하고 '이미지1.jpg' 파일을 불러온 후 [설정]을 클릭해요.

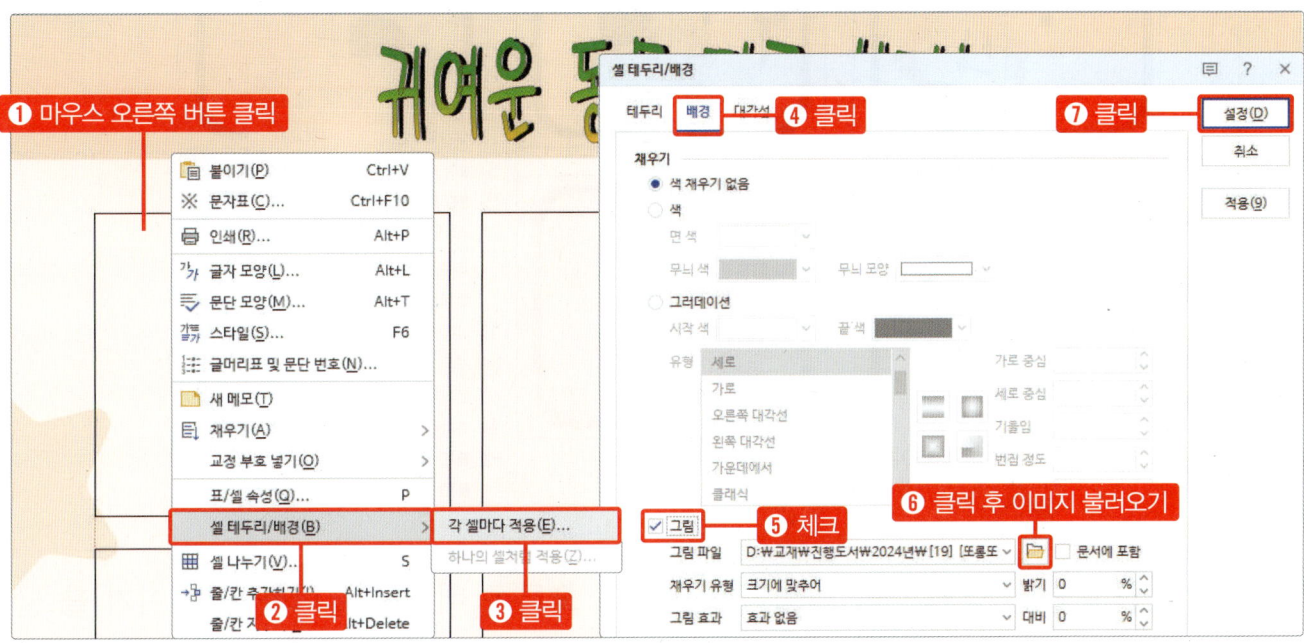

02 01과 같은 방법으로 '이미지2'~'이미지12'로 셀 배경을 채워 동물 짝꿍 찾기 게임을 완성해 보세요.

03 '닭'의 오른쪽 얼굴이 있는 셀을 찾아 Ctrl 키를 누른 상태로 클릭하여 선택하고 마우스 오른쪽 버튼을 클릭하여 [복사하기]를 클릭해요.

04 '닭'의 왼쪽 얼굴 옆의 셀을 클릭하고 마우스 오른쪽 버튼을 클릭하여 [붙이기]를 클릭한 후 [셀 붙이기] 창이 나타나면 [덮어쓰기]를 클릭하고 [붙이기]를 클릭해요.

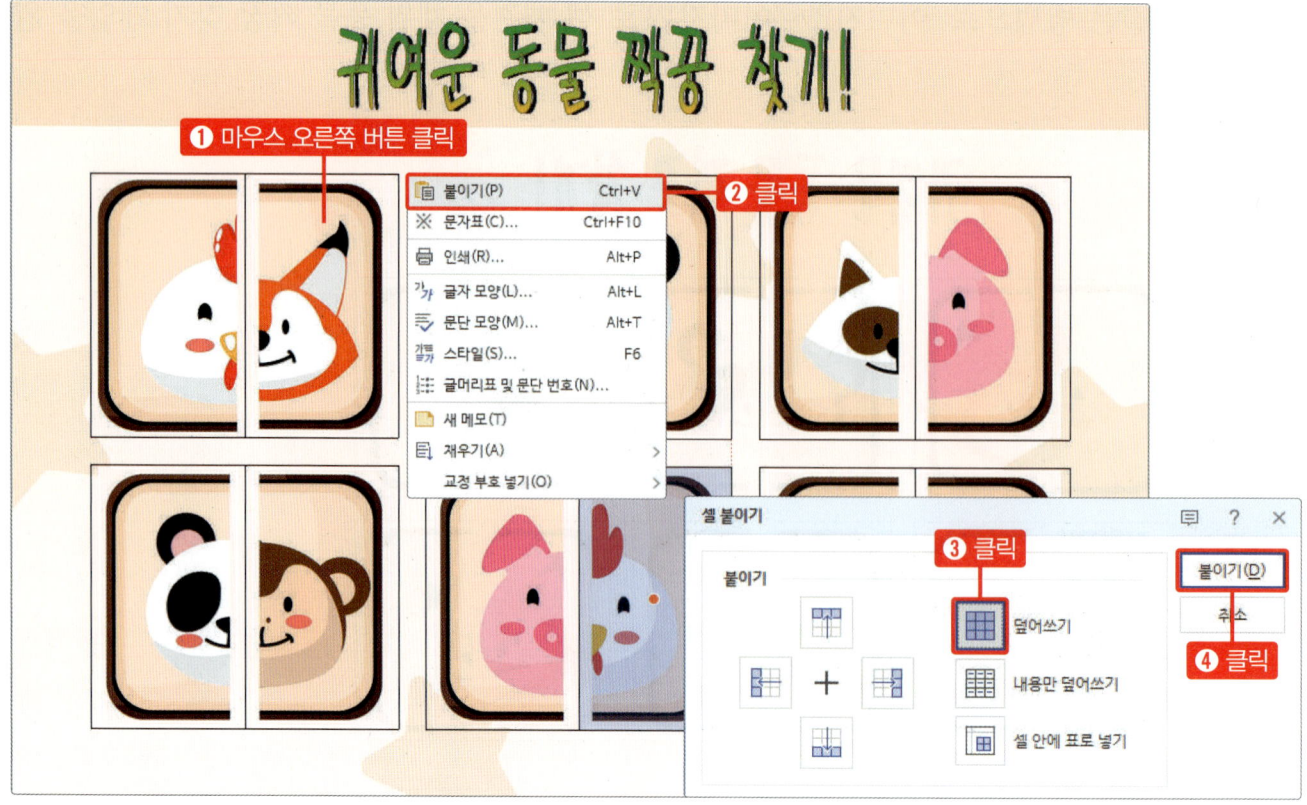

05 03~04와 같은 방법으로 윗줄 먼저 동물 짝꿍을 찾아 보세요.

06 아래줄은 동물의 오른쪽 얼굴에 맞추어 동물 짝꿍을 찾아 보세요.

생각 쏙쏙 실력 쏙쏙

▶ 예제 파일 : 13강 폴더　▶ 완성 파일 : 13강 창의 완성.hwpx

① 실습 파일을 불러와 글맵시를 이용하여 영어 단어 퀴즈 제목을 입력하고 셀 배경을 이미지로 채워 보세요.

짹짹힌트 글맵시 모양은 '물결 2'로 지정하고 글맵시 채우기와 글맵시 윤곽선을 '검정'으로 지정해요.

② 상단의 필요한 알파벳이 있는 셀을 복사하고 빈 칸에 붙여넣어 영어 단어 퀴즈를 풀어 보세요.

Step 14 떠나요~ 맛있는 피크닉

오늘은 무엇을 배울까요?
- 도형을 삽입하고 도형을 무늬로 채워요.
- 다양한 음식의 클립아트를 삽입해요.

구글 '쓱' 게임 놀이

1. 구글 피자 게임을 실행해요.
2. 화면에 나타난 피자를 고객의 요청에 맞게 잘라요.

한글 창작 놀이

● 예제 파일 : 14강 폴더　● 완성 파일 : 14강 완성.hwpx

1. 도형을 삽입하고 도형을 무늬로 채워 돗자리를 만들어요.
2. 클립아트를 삽입하여 돗자리 위에 다양한 음식을 나열해요.

구글 '쏙' Celebrating Pizza 게임 진행하기

Celebrating Pizza 게임을 실행해 화면에 나타난 피자를 고객의 요청에 맞게 잘라봐요.

01 Celebrating Pizza 게임의 미션을 확인해 봐요.

미션 ❶	화면에 나타난 말풍선을 보고 고객의 요청을 확인해요(말풍선의 그림은 잘린 피자 조각에 있어야 하는 토핑을 의미해요).
미션 ❷	왼쪽 상단에 나타난 피자 커팅기의 횟수를 확인해요.
미션 ❸	마우스를 이용하여 고객의 요청과 피자 컷팅 횟수에 맞게 피자를 잘라요.

02 '14강 피자 자르기' 파일을 더블클릭하여 'Celebrating Pizza' 게임을 실행하고 피자를 잘라봐요.

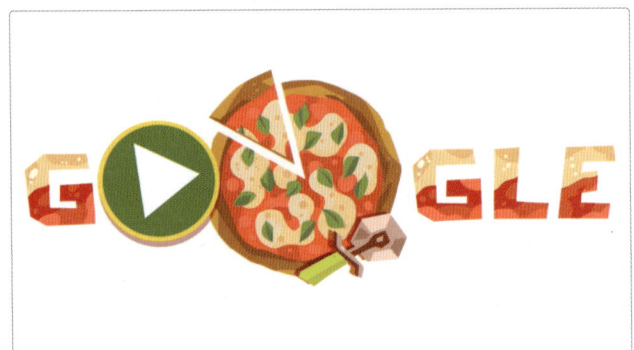

❶ Celebrating Pizza 게임 실행하기

❷ 화면에 나타난 요청 확인하기

❸ 마우스 이용하여 피자 자르기

❹ 피자 이미지 클릭하여 다음 단계 진행하기

구글 'Celebrating Pizza' 게임

구글 Celebrating Pizza 게임은 2017년 유네스코 인류무형문화유산 대표목록에 등재된 이탈리아 나폴리 지역의 전통 요리인 피자를 기념하기 위해 구글에서 제작된 게임이에요. 주문한 피자 종류에 따라 피자 슬라이스에 도전해 보세요.

미션 01 도형 삽입하고 무늬로 도형 채우기

도형을 삽입하여 선 속성을 지정하고 도형을 무늬로 채워 돗자리를 만들어 봐요.

01 한글 프로그램(🇭)을 실행한 후 [파일] 탭–[불러오기]를 클릭하여 [불러오기] 대화상자가 나타나면 '14강 예제.hwpx' 파일을 불러와요.

02 [입력] 탭에서 '직사각형(□)' 도형을 선택하고 마우스를 드래그하여 그림과 같이 도형을 삽입한 후 도형을 더블클릭해요.

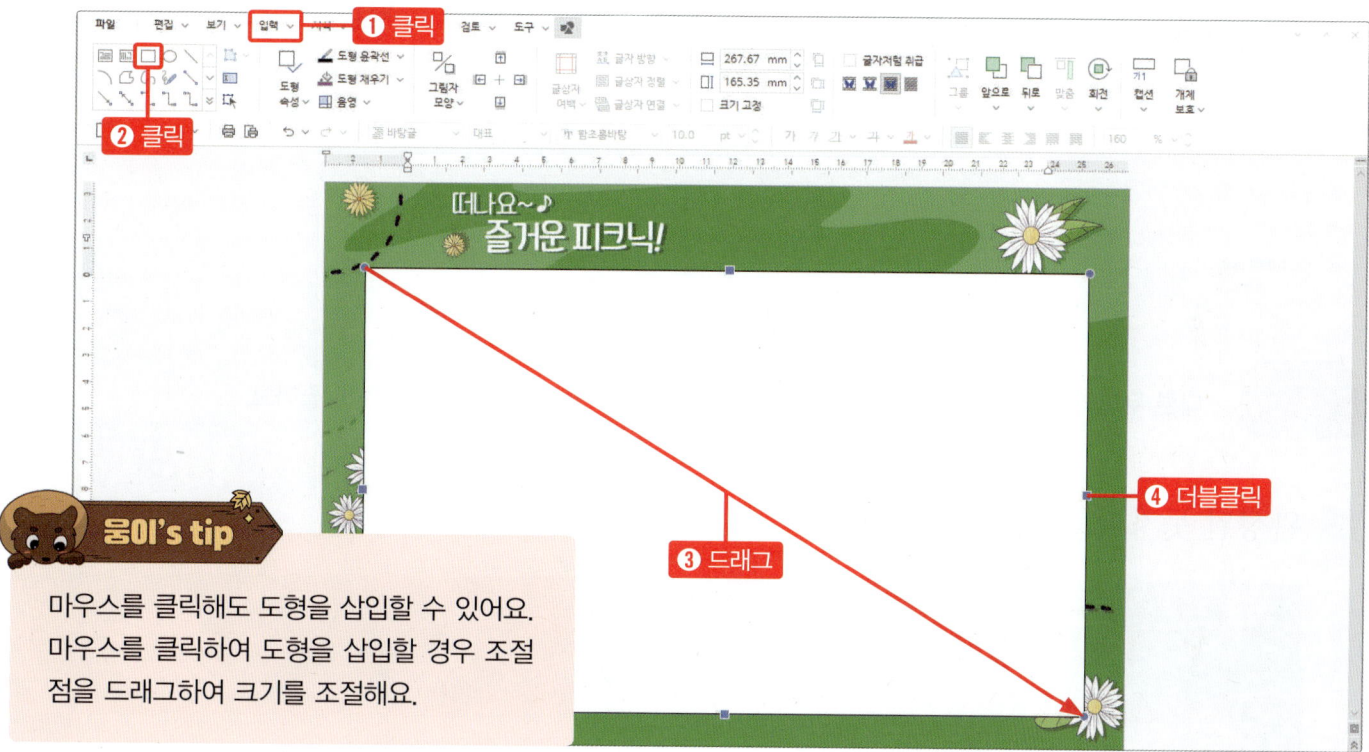

> **움이's tip**
> 마우스를 클릭해도 도형을 삽입할 수 있어요.
> 마우스를 클릭하여 도형을 삽입할 경우 조절점을 드래그하여 크기를 조절해요.

03 [개체 속성] 창이 나타나면 [기본] 탭–[위치]–[본문과의 배치]–[글 뒤로(▓)]를 선택하고 [선] 탭–[색]–['연한 노랑(RGB: 250,243,219) 50% 어둡게']을 선택한 후 [굵기]–[3.00mm]를 선택해요.

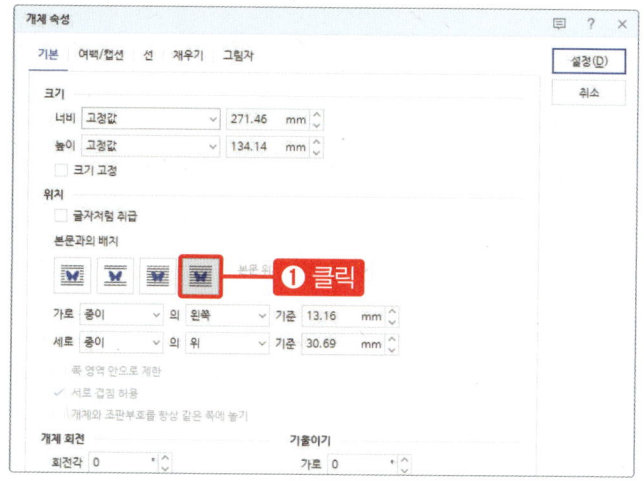

Step 14. 떠나요~ 맛있는 피크닉

04 [채우기] 탭에서 면 색['연한 노랑(RGB: 250,243,219)']과 무늬 색['연한 노랑(RGB:250, 243,219) 50% 어둡게']을 지정하고 무늬 모양을 '체크무늬'로 선택한 후 [설정]을 클릭해요.

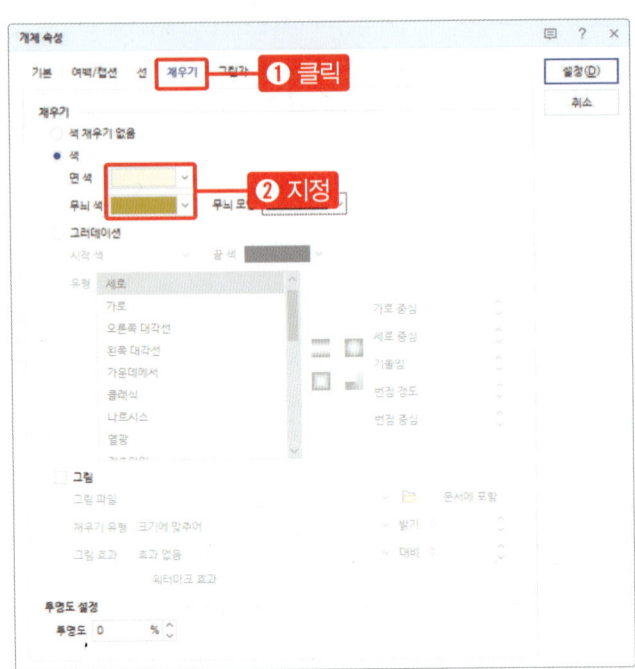

다른 무늬의 돗자리를 만들고 싶다면 무늬 모양 목록에서 원하는 무늬를 선택해도 좋아요.

05 완성된 돗자리를 확인해요.

클립아트 삽입하여 음식 채우기

다양한 음식의 클립아트를 삽입하여 피크닉 돗자리를 꾸며봐요.

01 [입력] 탭-[그림( )]-[그리기마당]을 클릭하여 [그리기마당] 창이 나타나면 [클립아트 다운로드]를 클릭해요.

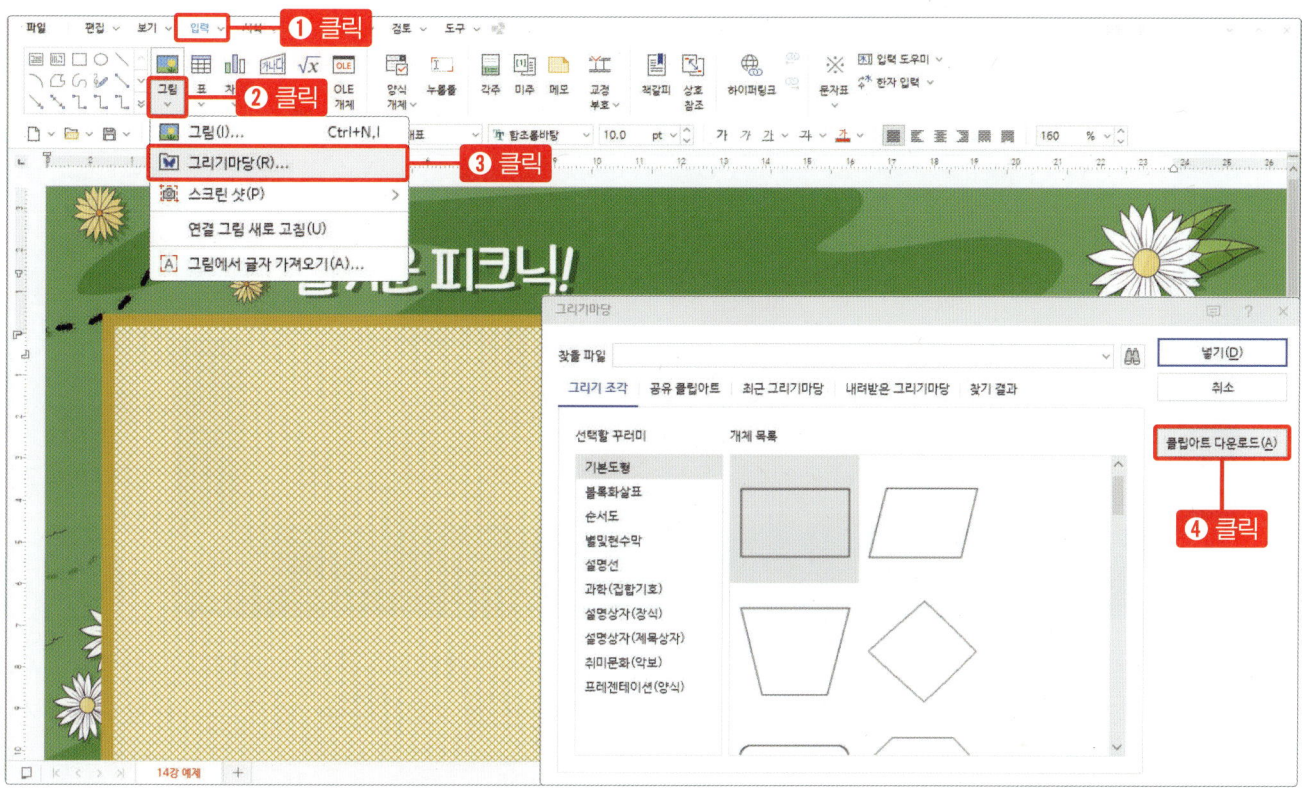

02 [한컴 애셋] 창이 나타나면 검색창에 '피자'를 검색하여 원하는 클립아트를 선택하고 [내려받기( )]-[확인]을 클릭해요.

Step 14. 떠나요~ 맛있는 피크닉

03 [한컴 애셋] 창을 닫고 [그리기마당] 창의 [내려받은 그리기마당] 탭-[공유 클립아트]에서 내려받은 '피자' 클립아트를 선택하고 [넣기]를 클릭한 후 마우스를 드래그하여 그림과 같이 삽입해요.

04 01~03과 같은 방법으로 다양한 음식의 클립아트를 삽입하여 맛있는 피크닉 돗자리를 만들어 보세요.

웅이's tip

'딤섬', '케이크', '주스', '콜라', '김밥', '햄버거', '바나나', '찐빵'을 검색해 보세요.

생각 쏙쏙 실력 쏙쏙

▶ 예제 파일 : 14강 폴더   ▶ 완성 파일 : 14강 창의 완성.hwpx

1 실습 파일을 불러와 도형을 삽입하고 선과 채우기 속성을 지정하여 스티커북을 만들어 보세요.

- 선 색[초록(RGB: 40,155,110) 50% 어둡게], 선 굵기(3.00mm)
- 면 색[초록(RGB: 40,155,110) 25% 어둡게], 무늬 색[초록(RGB: 40,155,110) 40% 밝게], 무늬 모양(눈금무늬)

2 귀여운 캐릭터 클립아트를 삽입하여 나만의 스티커북을 완성해 보세요.

'아모개', '지지', '모아'를 검색해 보세요.

Step 14. 떠나요~ 맛있는 피크닉

Step 15 휘리릭! UFO 기사 편집하기

오늘은 무엇을 배울까요?

- 용지 여백을 지정하고 다단을 설정하여 신문기사를 편집해요.
- 문단 첫 글자 장식을 이용하여 신문기사를 꾸며요.

구글 '쏙' 게임 놀이

1. 구글 UFO 게임을 실행해요.
2. 외계인이 우주로 떠날 수 있도록 우주선 조각을 모아요.

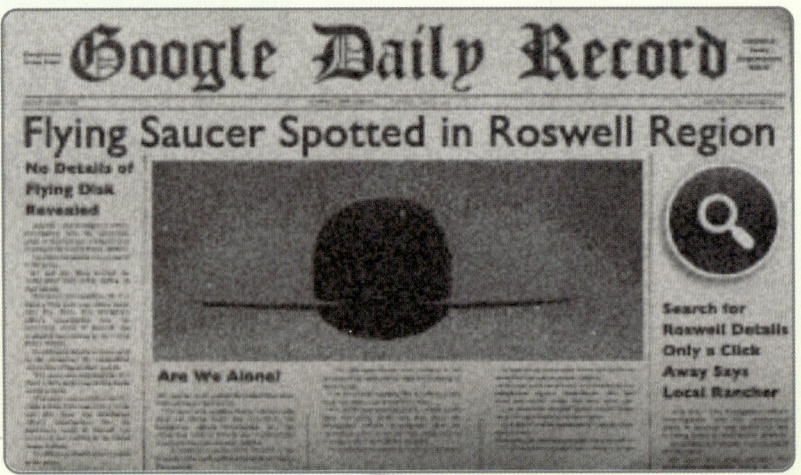

한글 창작 놀이

- 예제 파일 : 15강 폴더
- 완성 파일 : 15강 완성.hwpx

1. 용지 여백을 지정하고 다단을 설정해 신문기사를 편집해요.
2. 문단 첫 글자 장식, 테두리 서식을 지정해 신문기사를 꾸며요.

구글 '쏙' Roswell's 66th Anniversary 게임 진행하기

Roswell's 66th Anniversary 게임을 실행해 마을에 떨어진 우주선 조각을 모아 미션을 해결해 봐요.

01 Roswell's 66th Anniversary 게임의 미션을 확인해 봐요.

미션 ❶	외계인을 이동시키며 우주선 조각을 찾아요.
미션 ❷	마을을 돌아다니며 떨어진 우주선 조각을 모아요.
미션 ❸	마을에 떨어져 있는 아이템을 찾아 우주선 조각을 모을 때 사용해요.

02 '15강 UFO' 파일을 더블클릭하여 'Roswell's 66th Anniversary' 게임을 실행하고 우주선 조각을 모아봐요.

❶ Ctrl 키 누르고 마우스 휠 밀어 화면 확대하기

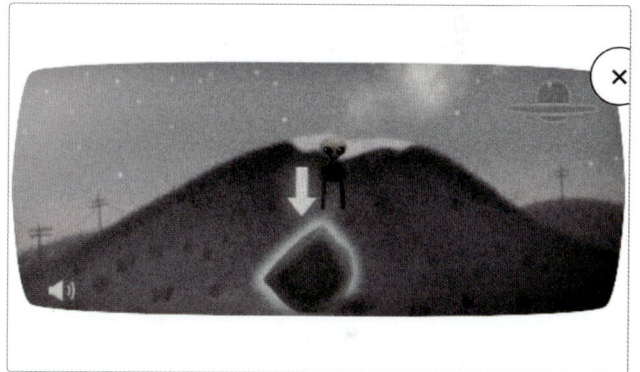

❷ 마우스 클릭하여 외계인 이동시키기

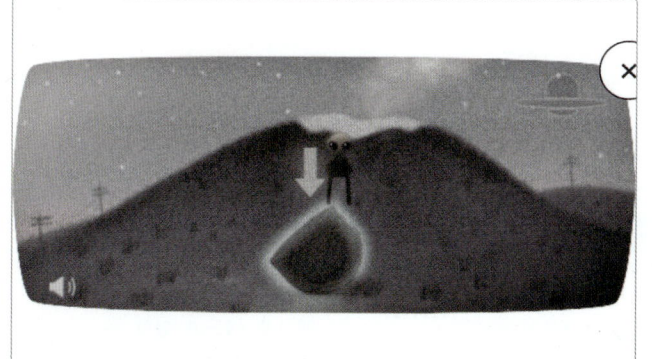

❸ 떨어진 우주선 조각 클릭하여 모으기

❹ 마을 곳곳의 아이템 획득하기

마을 이곳 저곳을 돌아다니며 '밧줄', '연료', '사료 포대', '깃털' 아이템을 획득해 보세요. '연료'를 이용해 동물과 식물을 키우고, '사료 포대'를 이용해 닭에게서 '깃털'을 획득해 보세요. 마을 속에 숨겨져 있는 미션을 해결하며 우주선 조각을 모아 외계인을 우주로 돌아가게 만들어 보세요.

Step 15. 휘리릭! UFO 기사 편집하기

미션 01 용지 여백 지정하고 다단 설정하기

용지 여백을 지정하고 다단을 설정하여 UFO 기사를 편집해 봐요.

01 한글 프로그램( )을 실행한 후 [파일] 탭-[불러오기]를 클릭하여 [불러오기] 대화상자가 나타나면 '15강 예제.hwpx' 파일을 불러와요.

02 F7 키를 눌러 [편집 용지] 창이 나타나면 [용지 여백]에서 위쪽(10), 아래쪽(10), 왼쪽(10), 오른쪽(10), 머리말(0), 꼬리말(0), 제본(0)으로 여백을 지정하고 [설정]을 클릭해요.

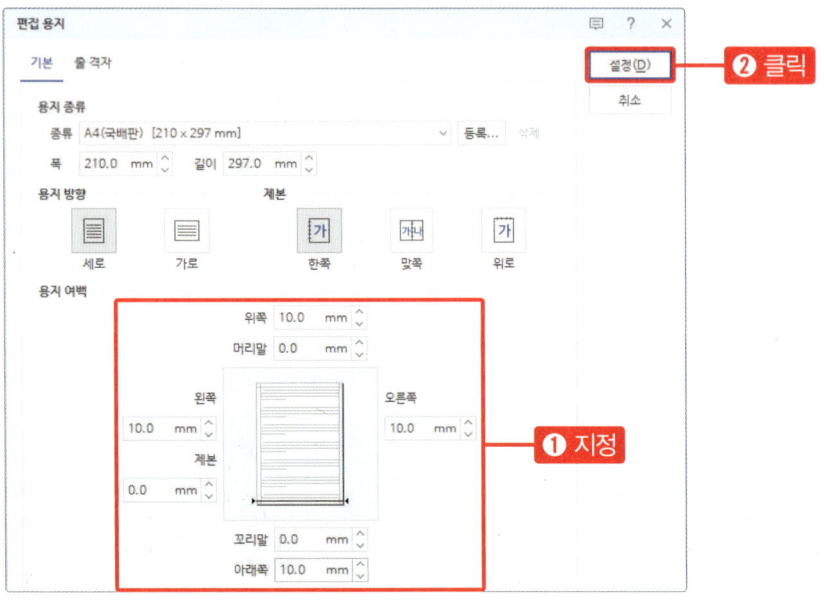

03 기사 제목을 드래그하여 영역 지정하고 서식 도구 상자에서 글꼴 및 크기, 속성을 지정해요.

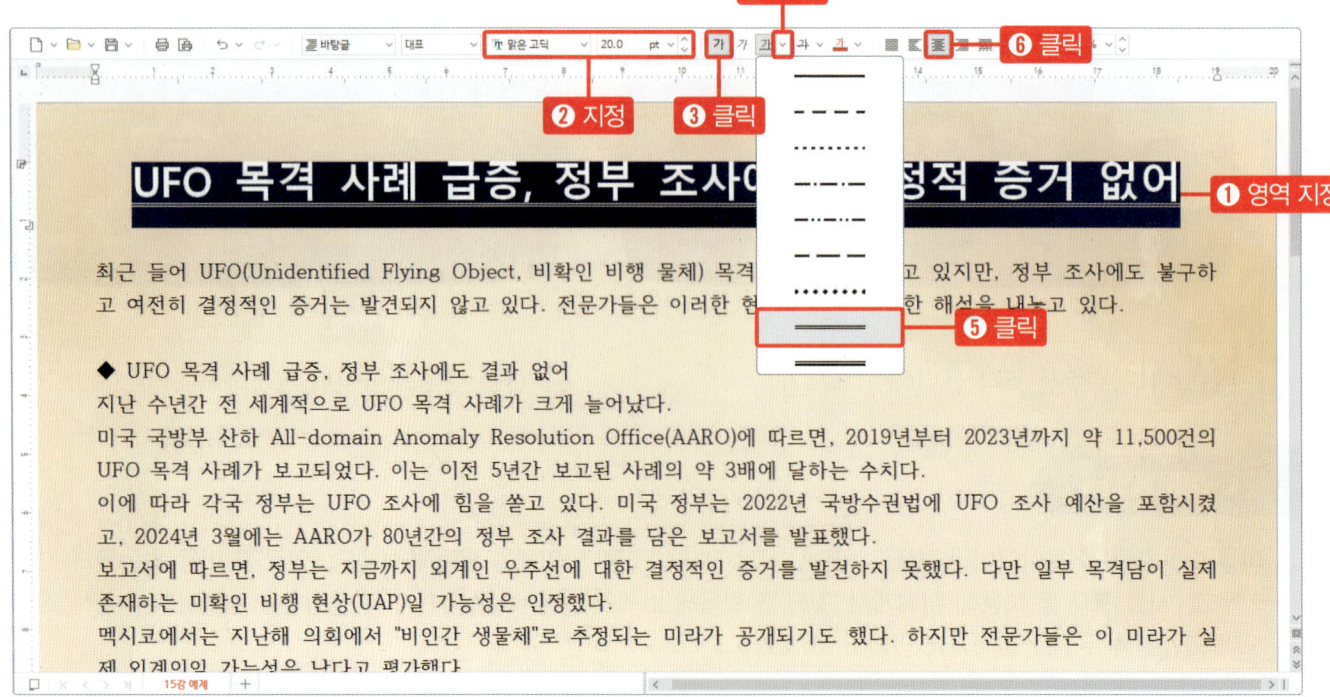

04 기사 제목을 제외한 모든 글자를 드래그하여 영역 지정해요.

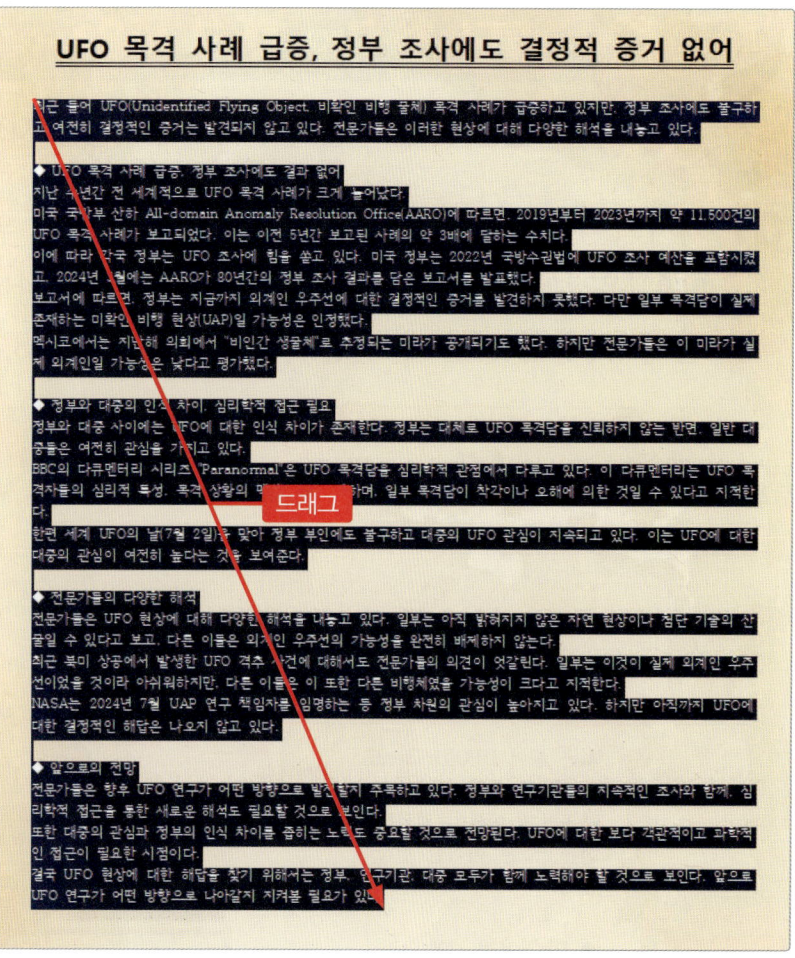

05 [편집] 탭-[단(≡)]-[둘]을 클릭해요.

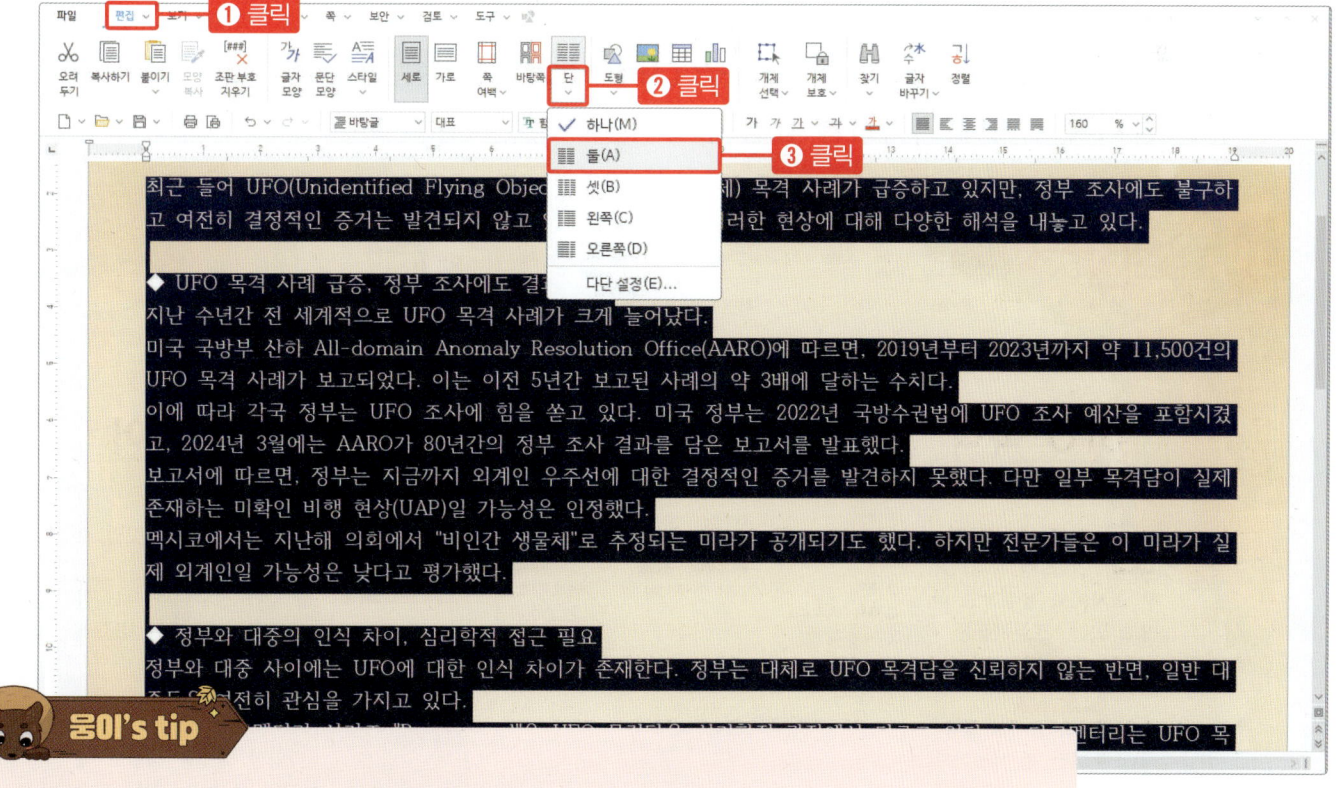

웅이's tip
영역을 지정하지 않고 다단을 설정하면 페이지의 모든 글자들이 설정한 다단으로 나뉘게 돼요.

문단 첫 글자 장식 이용하여 신문기사 꾸미기

문단 첫 글자 장식과 테두리 속성을 지정하여 신문기사를 꾸며봐요.

01 기사의 첫 번째 글자 앞부분을 클릭하여 커서를 위치시키고 [서식] 탭-[문단 첫 글자 장식(갈)]을 클릭하여 [문단 첫 글자 장식] 창이 나타나면 모양('2줄'), 글꼴('양재튼튼체B'), 선 종류('실선'), 면 색['연한 노랑(RGB: 250,243,219)']으로 지정한 후 [설정]을 클릭해요.

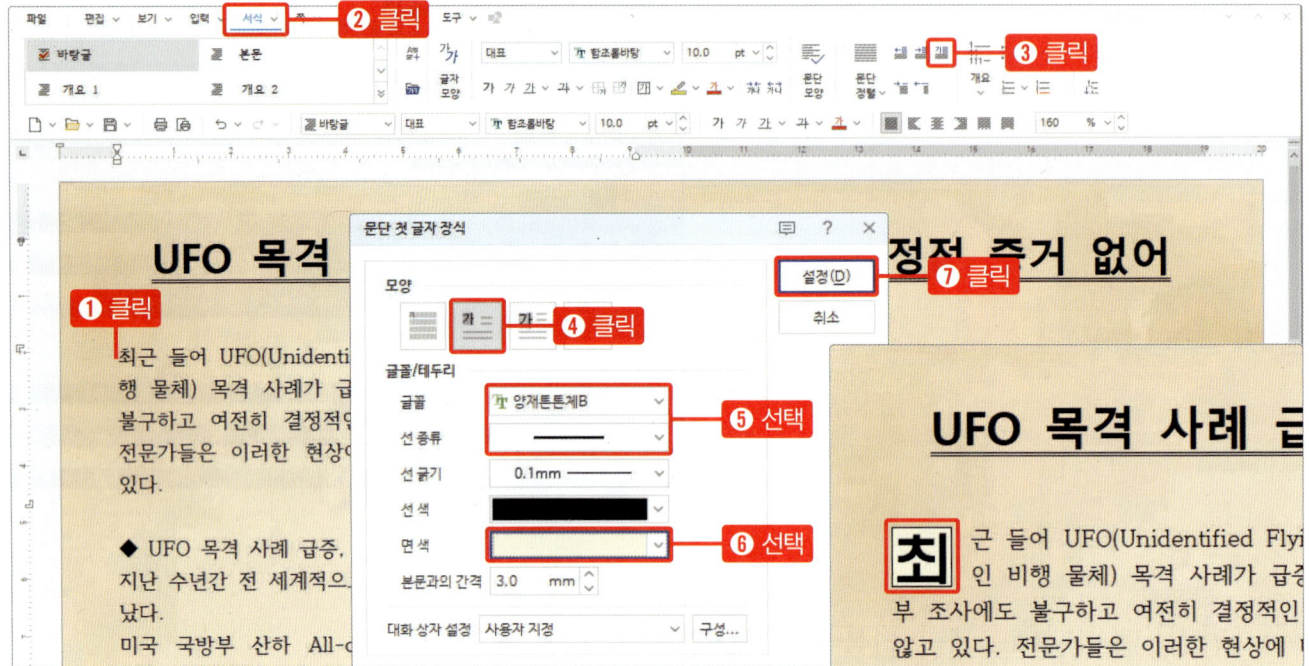

02 첫 번째 문단 마지막 부분을 클릭한 후 [입력] 탭-[그림( )]을 클릭하여 '이미지1.jpg' 파일을 불러와 기사에 이미지를 삽입해요.

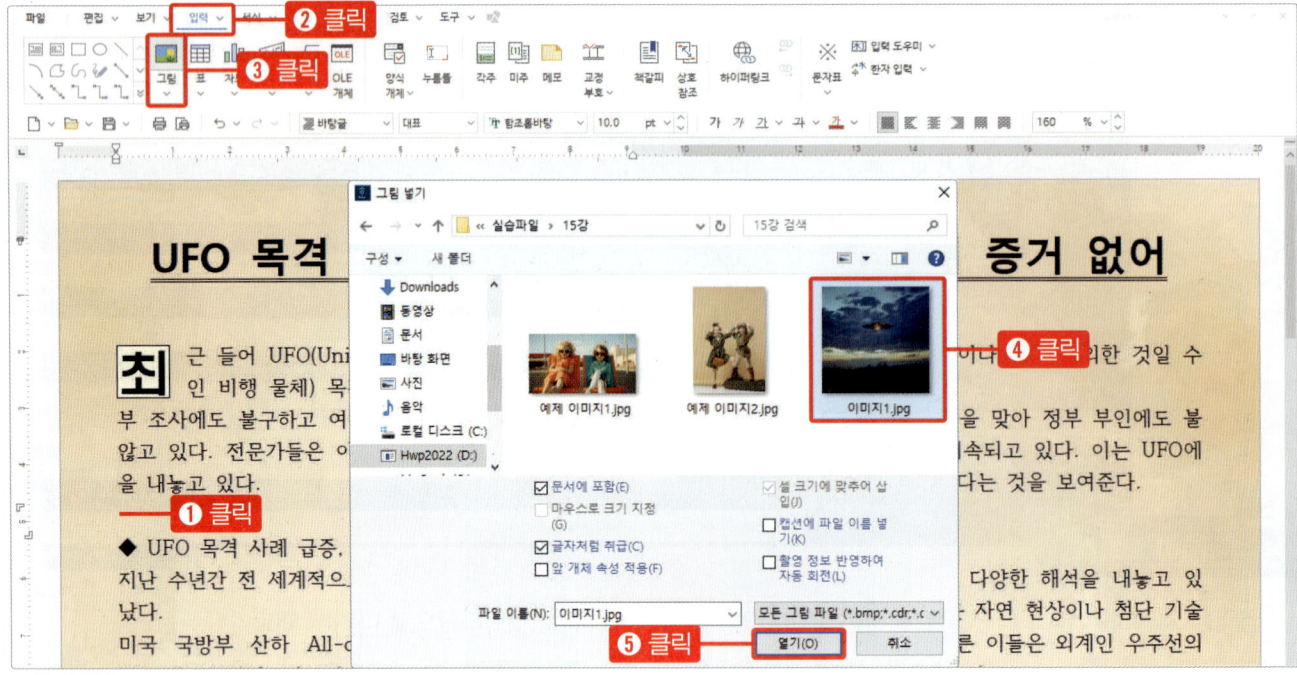

03 페이지 하단을 클릭하고 Back Space 키를 눌러 신문기사를 편집해요.

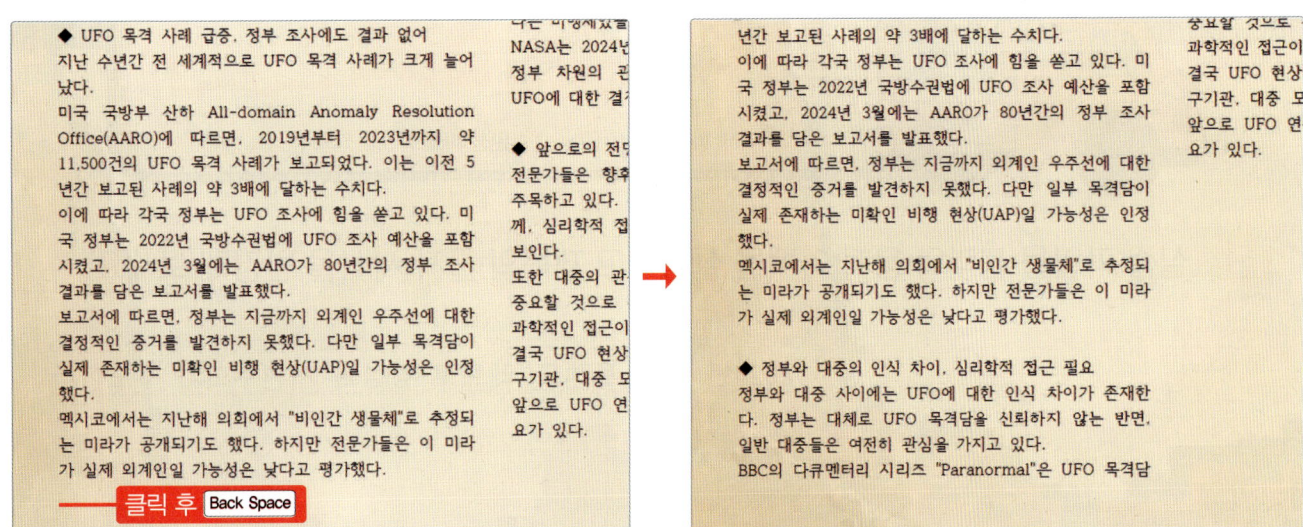

04 [쪽] 탭-[쪽 테두리/배경(▦)]을 클릭하여 [쪽 테두리/배경] 창이 나타나면 테두리 종류('실선')를 선택하고 [모두(▢)]를 클릭한 후 [설정]을 클릭해요.

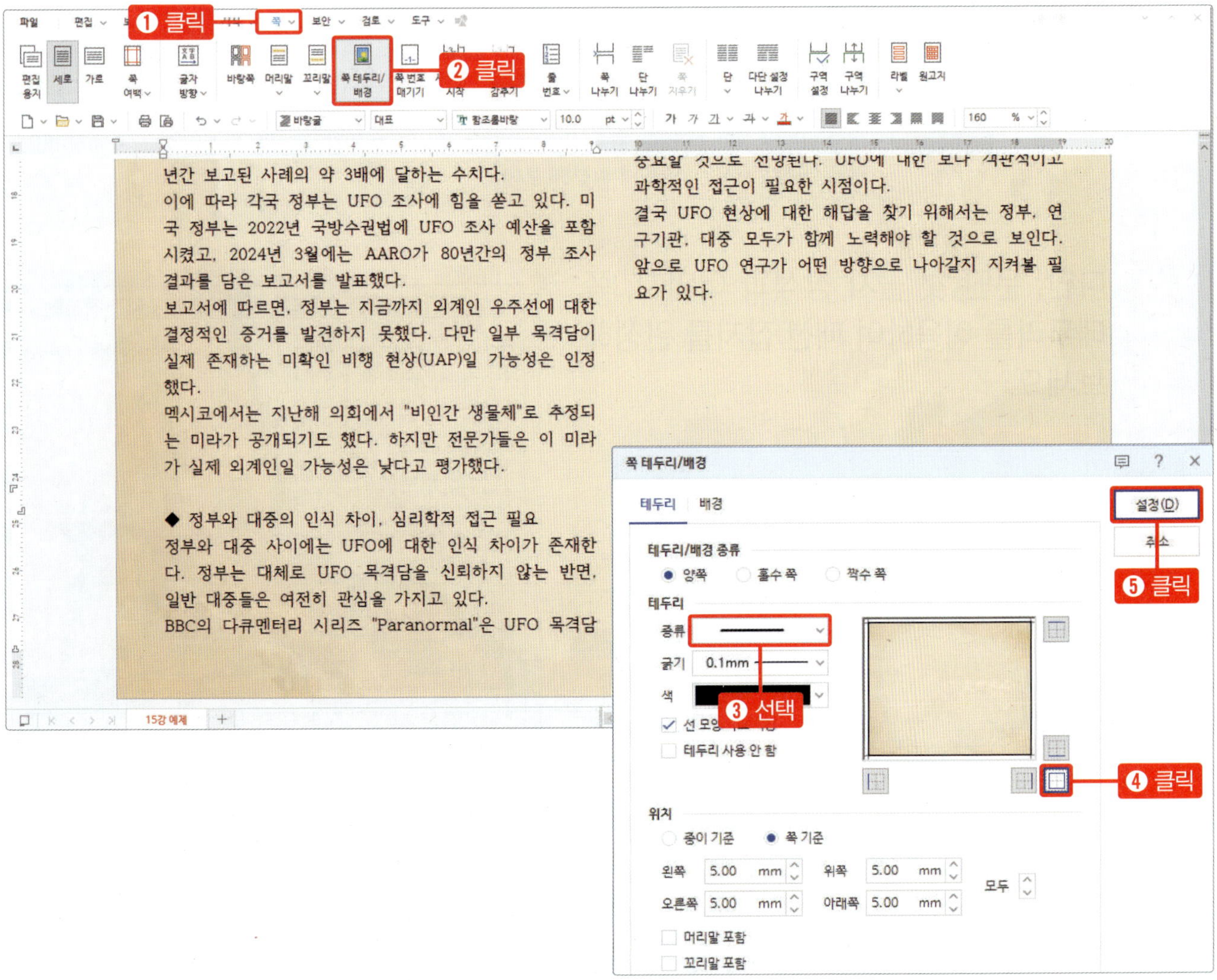

기사의 내용을 자유롭게 편집하고 서식을 지정하여 개성 있는 UFO 기사를 만들어도 좋아요.

생각 쏙쏙 실력 쏙쏙

▶ 예제 파일 : 15강 폴더   ▶ 완성 파일 : 15강 창의 완성.hwpx

1 실습 파일을 불러와 용지 여백을 설정하고 제목의 글자 서식을 변경해 보세요.

- 용지 여백은 위쪽, 아래쪽, 왼쪽, 오른쪽 여백은 '10mm', 머리말, 꼬리말, 제본은 '0mm'로 지정해요.
- 제목의 글자 서식은 자유롭게 지정해 보세요.

2 다단, 문단 첫 글자 장식과 이미지, 쪽 테두리를 이용하여 패션 잡지를 완성해 보세요.

Step 16 소스 찹찹! 명랑한 핫도그 만들기

오늘은 무엇을 배울까요?

- 바탕쪽 기능을 활용하여 핫도그를 만들어요.
- 곡선 도형을 이용하여 핫도그에 소스를 뿌려요.

구글 '쓱' 게임 놀이

1. 구글 야구(Baseball) 게임을 실행해요.
2. 땅콩 투수가 던진 공을 배트로 쳐 포인트를 획득해요.

한글 창작 놀이

● 예제 파일 : 16강 폴더   ● 완성 파일 : 16강 완성.hwpx

1. 바탕쪽 기능을 활용하여 핫도그를 만들고 도형을 그러데이션으로 채워요.
2. 곡선 도형을 이용하여 핫도그에 맛있는 소스를 뿌려요.

구글 '쏙' 야구(Baseball) 게임 진행하기

야구(Baseball) 게임을 실행해 땅콩 투수가 던진 공을 배트로 정확하게 쳐 포인트를 획득해 봐요.

01 야구(Baseball) 게임의 미션을 확인해 봐요.

미션 ❶	땅콩 투수가 공을 던지면 Space Bar 키를 누르거나 화면의 배트 버튼을 클릭해요.
미션 ❷	땅콩 투수 머리 위를 유심히 살펴 어떤 공을 던질지 확인해요.
미션 ❸	공을 정확히 쳐 홈런을 쳐요. 아웃이 3개가 되면 게임이 종료되니 주의하세요.

02 '16강 야구' 파일을 더블클릭하여 '야구(Baseball)' 게임을 실행해 봐요.

❶ 야구 게임 실행하기

❷ 배트 버튼 클릭하여 공 치기

❸ 계속 공 쳐내며 점수 획득하기

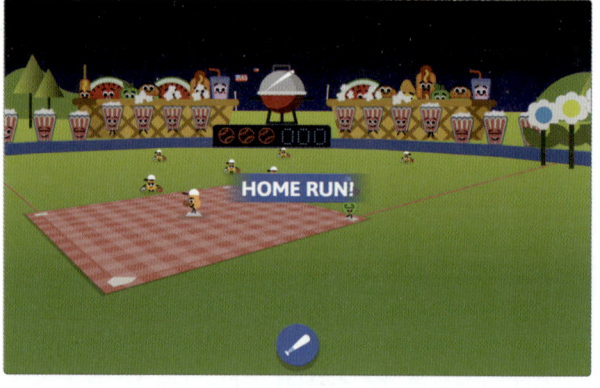
❹ 정확하게 공 쳐내 홈런 치기

구글 '야구' 게임

구글 야구(Baseball) 게임은 미국의 독립기념일을 기념하기 위해 제작된 게임이에요. 수비팀으로는 땅콩이 등장하고 공격팀으로는 핫도그, 나초, 햄버거, 음료수, 샌드위치 등 다양한 음식이 타자로 등장해요. 땅콩 투수가 던지는 공을 쳐내 점수를 획득할수록 투구 속도와 스타일이 변경되어 게임을 더욱 즐겁게 즐길 수 있어요.

미션 01 바탕쪽 기능 활용하여 핫도그 만들기

바탕쪽 기능을 활용하여 핫도그를 만들고 도형을 그러데이션으로 채워봐요.

01 한글 프로그램(호)을 실행한 후 [파일] 탭-[불러오기]를 클릭하고 '16강 예제.hwpx' 파일을 불러와 핫도그가 놓일 접시의 위치를 확인해요.

02 [쪽] 탭-[바탕쪽()]을 클릭하여 [바탕쪽] 창이 나타나면 [만들기]를 클릭해요.

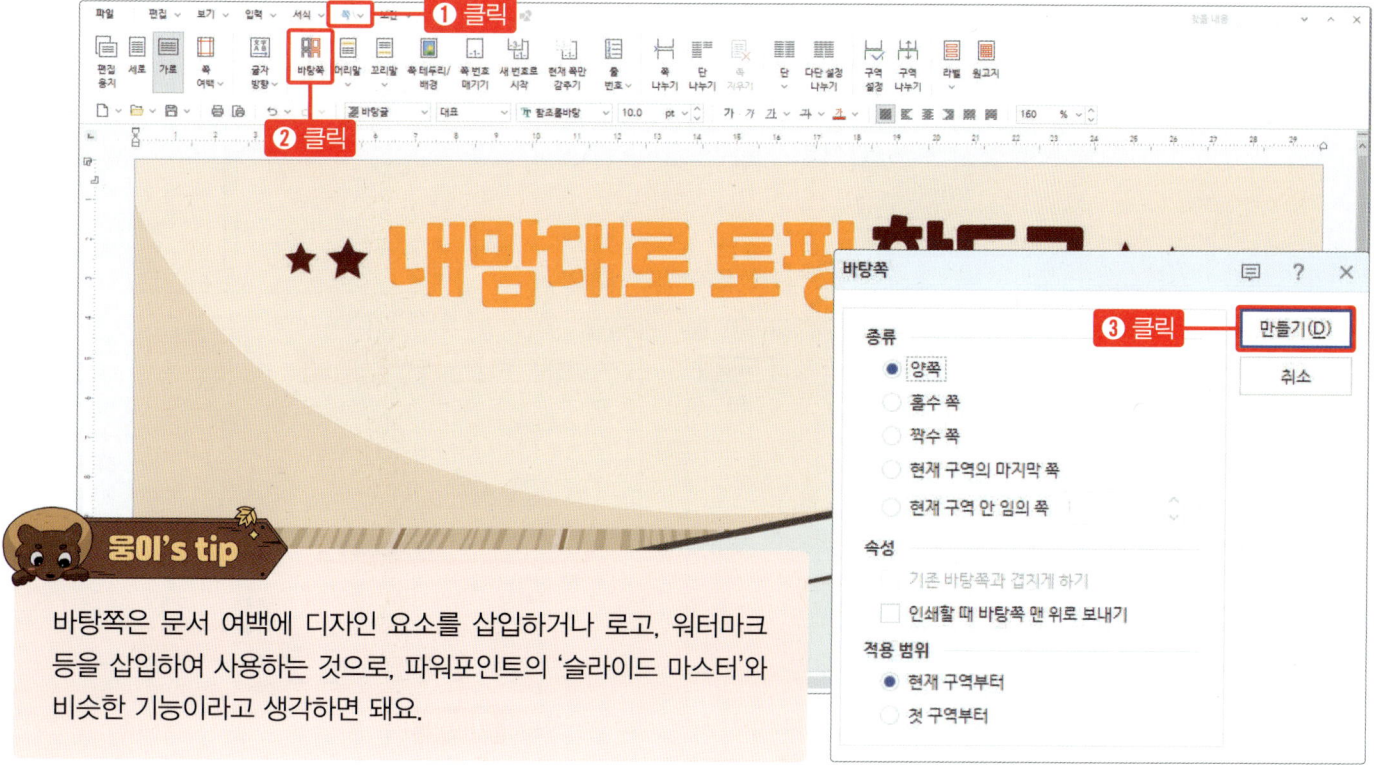

> **뭉이's tip**
> 바탕쪽은 문서 여백에 디자인 요소를 삽입하거나 로고, 워터마크 등을 삽입하여 사용하는 것으로, 파워포인트의 '슬라이드 마스터'와 비슷한 기능이라고 생각하면 돼요.

03 바탕쪽 페이지가 나타나면 '직사각형(□)' 도형을 삽입하고 더블클릭하여 [개체 속성] 창이 나타나면 [채우기] 탭-[색]-[면 색]-[연한 노랑(RGB: 250,243,219)]을 선택하고 [설정]을 클릭해요.

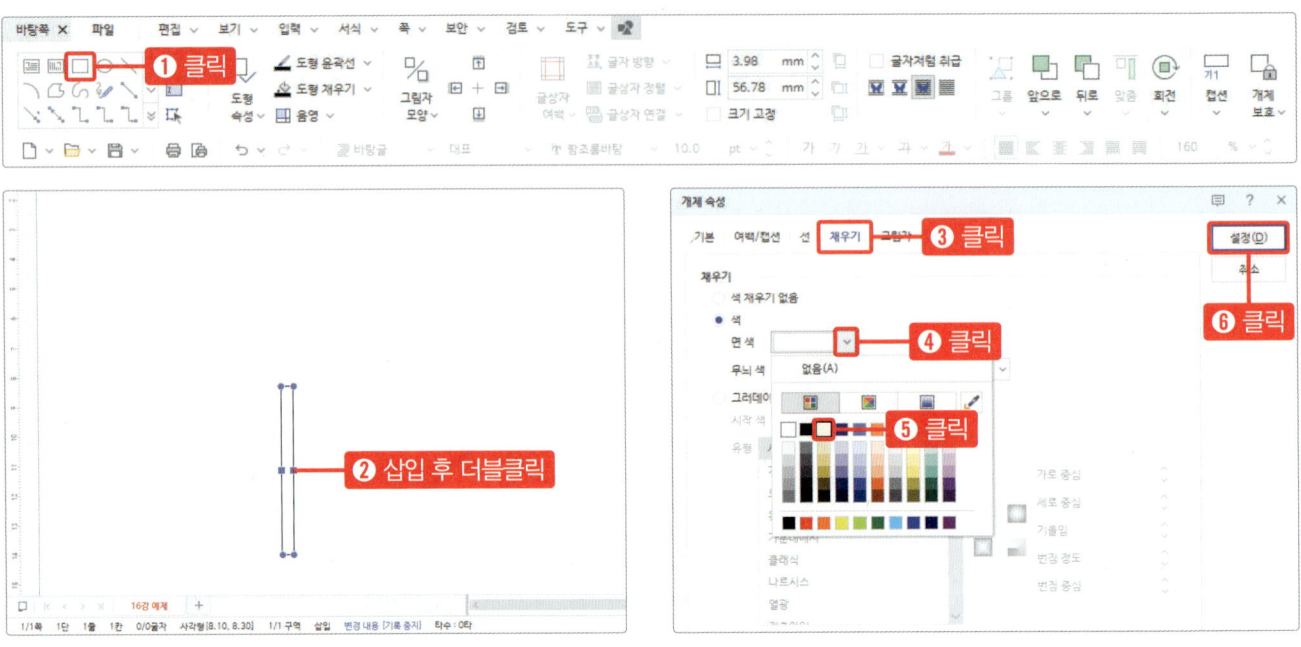

04 다시 '직사각형(□)' 도형을 삽입하고 [개체 속성] 창에서 [선] 탭-[사각형 모서리 곡률]-[반원]을 클릭해요.

05 [채우기] 탭-[그러데이션]에서 시작 색['주황(RGB: 255,132,58) 80% 밝게'], 끝 색['주황(RGB: 255,132,58) 50% 어둡게']로 선택하고 유형을 '왼쪽 대각선', '원형'으로 선택한 후 [설정]을 클릭해요.

06 Shift 키를 누른 상태로 각각의 도형을 모두 클릭하고 [도형( )] 탭-[그룹( )]-[개체 묶기]를 클릭해요.

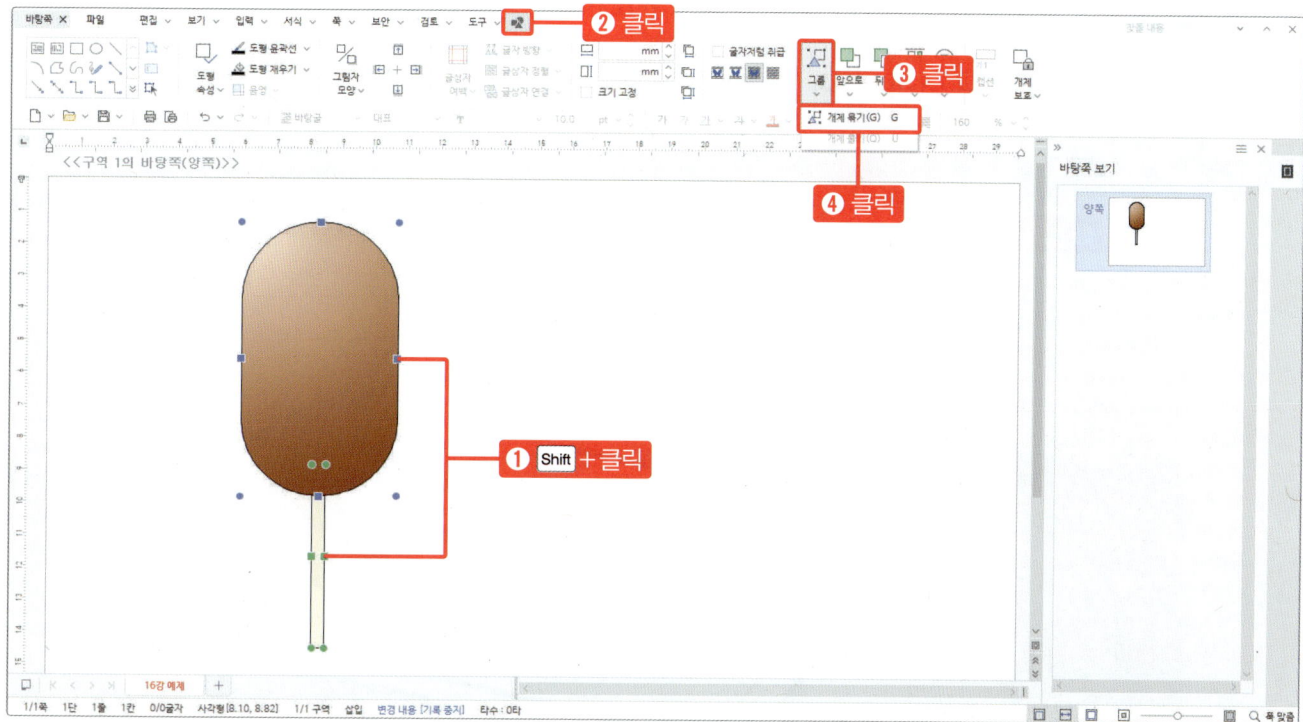

07 이어서 [회전( )]-[개체 회전]을 클릭하고 그림과 같이 핫도그를 회전시킨 후 앞서 확인한 접시 위치로 이동시키고 바탕쪽 페이지를 닫아요.

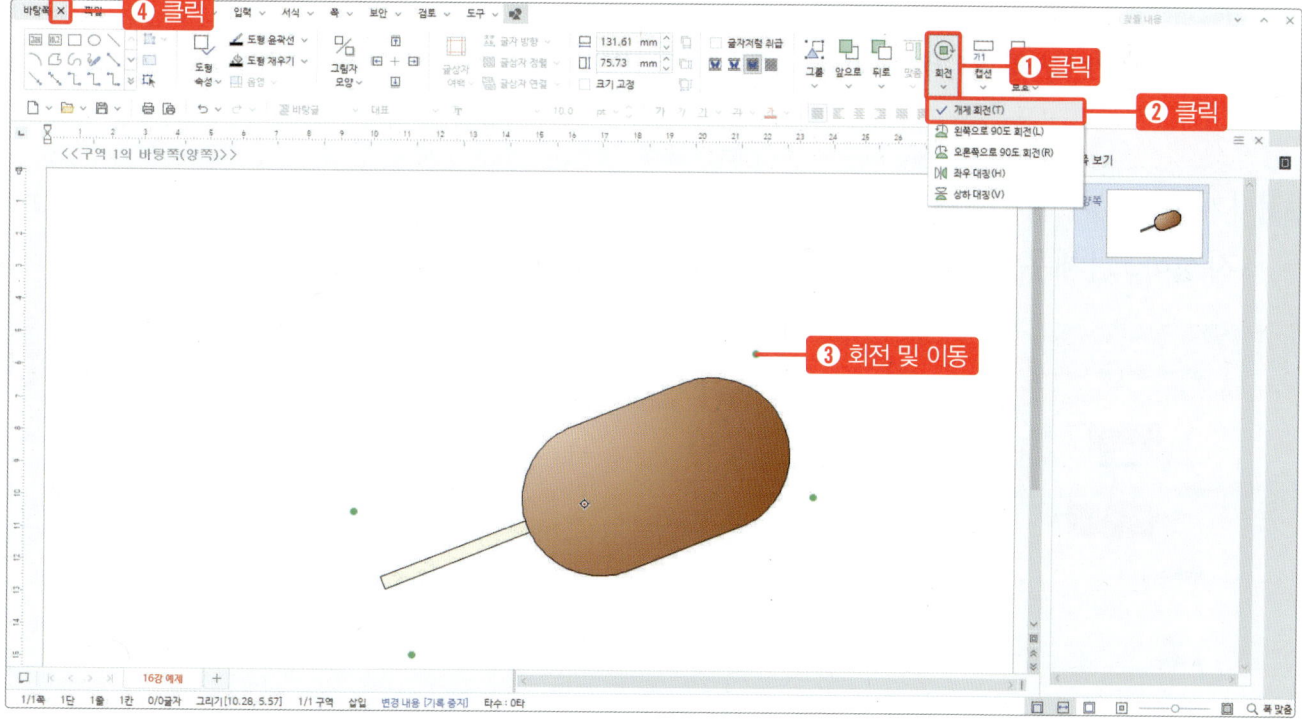

Step 16. 소스 찹찹! 명랑한 핫도그 만들기 115

곡선 도형 이용하여 소스 뿌리기

곡선 도형을 삽입하고 서식을 지정하여 핫도그 소스를 만들어 봐요.

01 '곡선(⌒)' 도형을 그림과 같이 삽입하고 도형을 더블클릭해요.

핫도그의 위치가 접시와 맞지 않는다면 다시 [쪽] 탭-[바탕쪽]을 클릭하여 핫도그의 크기와 위치를 변경해 보세요.

02 [개체 속성] 창이 나타나면 [선] 탭에서 색['빨강(RGB: 255,0,0)']과 굵기('5.00mm')를 지정하고 [채우기] 탭-[색 채우기 없음]을 클릭한 후 [설정]을 클릭해요.

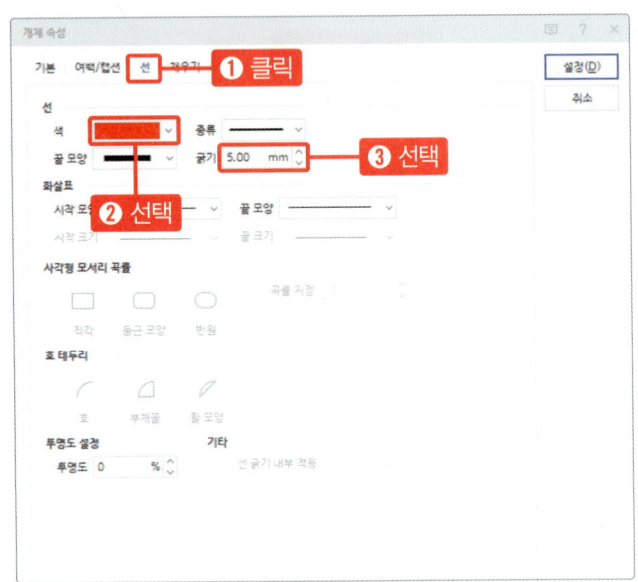

03 소스가 뿌려진 핫도그를 확인하고 페이지를 클릭한 후 Ctrl + J 키를 눌러 페이지를 추가해요.

04 페이지가 추가되면 01~02와 같은 방법으로 핫도그에 다양한 소스를 뿌려봐요.

다양한 도형을 이용하여 핫도그에 여러 가지 토핑을 추가해도 좋아요.

생각 쏙쏙 실력 쏙쏙

▶ 예제 파일 : 16강 폴더   ▶ 완성 파일 : 16강 창의 완성.hwpx

1 바탕쪽 기능을 활용하여 오므라이스를 만들어 보세요.

짹짹힌트 타원 도형을 삽입하고 도형에 그러데이션 효과를 적용해 보세요.

2 오므라이스 위에 다양한 소스를 추가해 보세요.

Step 17 순발력 UP! 초밥 카드 보드게임

오늘은 무엇을 배울까요?

- 직사각형 도형의 모서리를 둥근 모양으로 변경해요.
- 도형을 그러데이션으로 채우고 이미지를 삽입해 초밥 카드를 완성해요.

구글 '쏙' 게임 놀이

1. 구글 솔리테어 게임을 실행해요.
2. 무작위로 나열된 카드를 순서대로 정리해요.

● 예제 파일 : 17강 폴더   ● 완성 파일 : 17강 완성.hwpx

한글 창작 놀이

1. 직사각형 도형을 삽입하고 모서리를 둥근 모양으로 변경해요.
2. 도형을 그러데이션으로 채우고 이미지를 삽입해 초밥 카드를 완성해요.

구글 '쏙' 솔리테어(Solitaire) 게임 진행하기

솔리테어(Solitaire) 게임을 실행하고 카드를 순서대로 정리해 봐요.

01 솔리테어(Solitaire) 게임의 미션을 확인해 봐요.

미션 ❶	무작위로 나열되어 있는 카드를 확인해요.
미션 ❷	K부터 A까지 카드를 순서대로 쌓아요. 단, 카드의 색은 검정색과 빨간색을 번갈아가며 쌓아야 해요.
미션 ❸	쌓을 카드가 없다면 왼쪽 상단의 뒤집힌 카드를 클릭해 새로운 카드를 열어요.
미션 ❹	A카드가 나타나면 A카드를 클릭해 A카드부터 K카드까지 순서대로 쌓아 정리해요.

02 '17강 솔리테어' 파일을 더블클릭하여 '솔리테어(Solitaire)' 게임을 실행해 봐요.

❶ 게임 난이도 선택하기

❷ 카드 클릭하거나 드래그하여 순서대로 쌓기

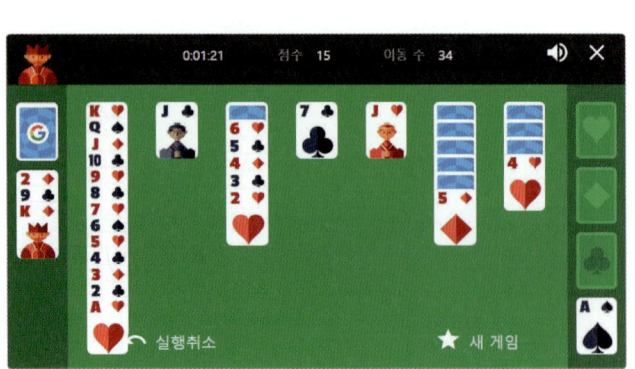

❸ 순서에 맞는 카드가 없으면 왼쪽 상단의 카드 클릭하기

❹ 오른쪽에 같은 모양의 카드 순서대로 쌓아 미션 완료하기

미션 01 도형 삽입하고 모서리 둥글게 변경하기

직사각형 도형을 삽입하고 모서리를 둥글게 변경해 봐요.

01 한글 프로그램(훈)을 실행한 후 [파일] 탭-[불러오기]를 클릭하여 [불러오기] 대화상자가 나타나면 '17강 예제.hwpx' 파일을 불러와요.

02 [입력] 탭-[직사각형(□)]을 클릭하고 마우스를 드래그하여 그림과 같이 도형을 삽입한 후 '직사각형' 도형을 마우스 오른쪽 버튼으로 클릭하여 [개체 속성]을 클릭해요.

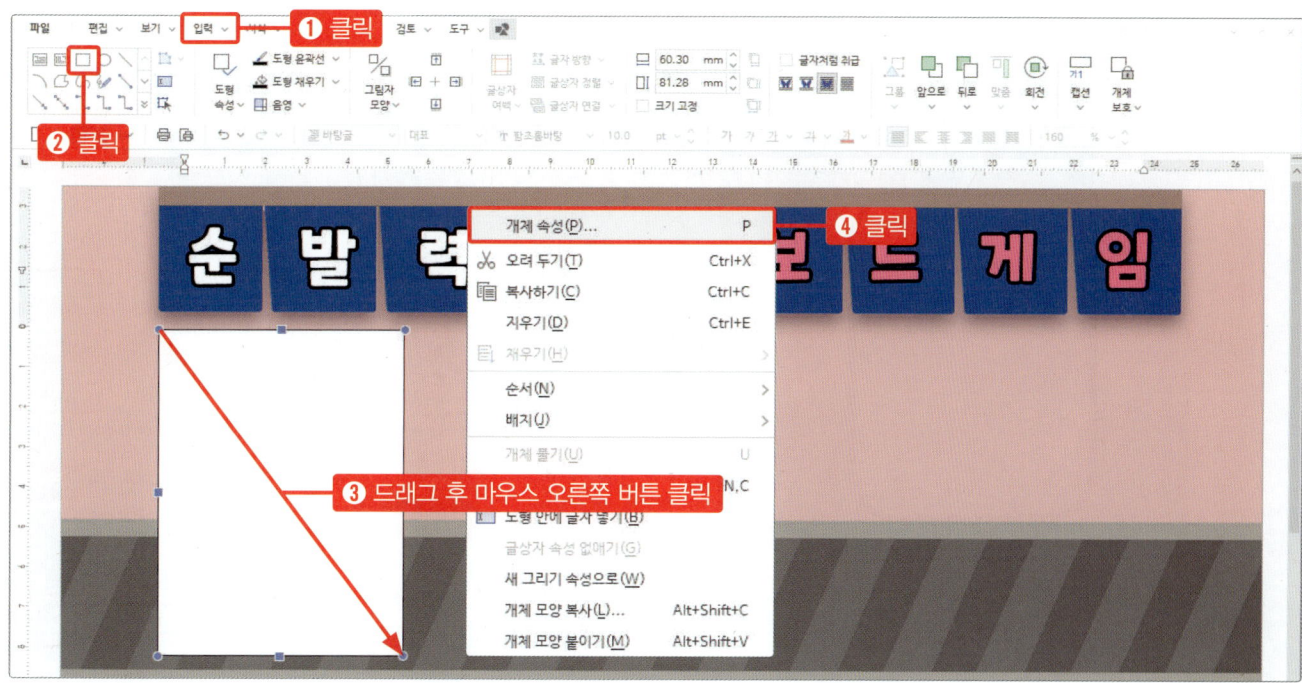

03 [개체 속성] 창이 나타나면 [선] 탭에서 굵기를 '2.00'mm로 지정하고 [사각형 모서리 곡률]-[둥근 모양]을 클릭한 후 [채우기] 탭-[그러데이션]에서 시작 색['초록(RGB: 40,155,110) 80% 밝게'], 끝 색['초록(RGB: 40,155,110) 40% 밝게'], 유형('가로', '줄무늬')을 지정하고 [설정]을 클릭해요.

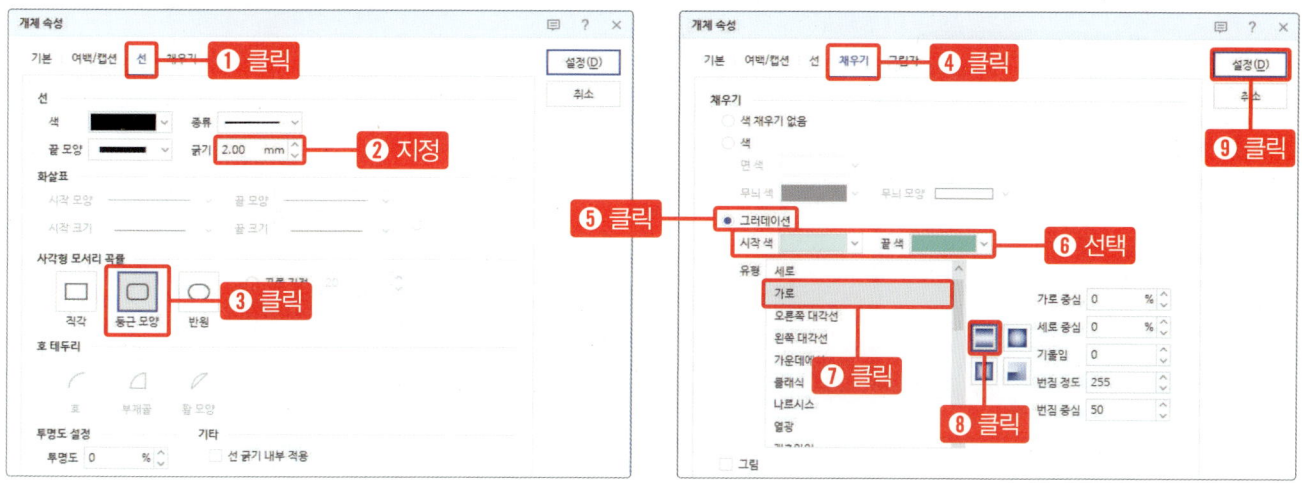

 **미션 02 이미지와 글맵시 삽입하여 초밥 카드 완성하기**

카드에 이미지를 추가하고 글맵시 개체를 삽입하여 초밥 카드를 완성해 봐요.

01 [입력] 탭-[그림( )]을 클릭하여 '이미지1.png' 파일을 선택하고 [글자처럼 취급]에 체크 해제, [마우스로 크기 지정]에 체크한 후 [열기]를 클릭해요.

02 이미지를 삽입할 수 있는 상태가 되면 마우스를 드래그하여 이미지를 삽입하고 이미지를 마우스 오른쪽 버튼으로 클릭하여 [개체 속성]을 클릭해요.

03 [개체 속성] 창이 나타나면 [본문과의 배치]-[글 앞으로(▥)]를 클릭한 후 [설정]을 클릭하고 그림과 같이 카드 안쪽으로 위치를 이동시켜요.

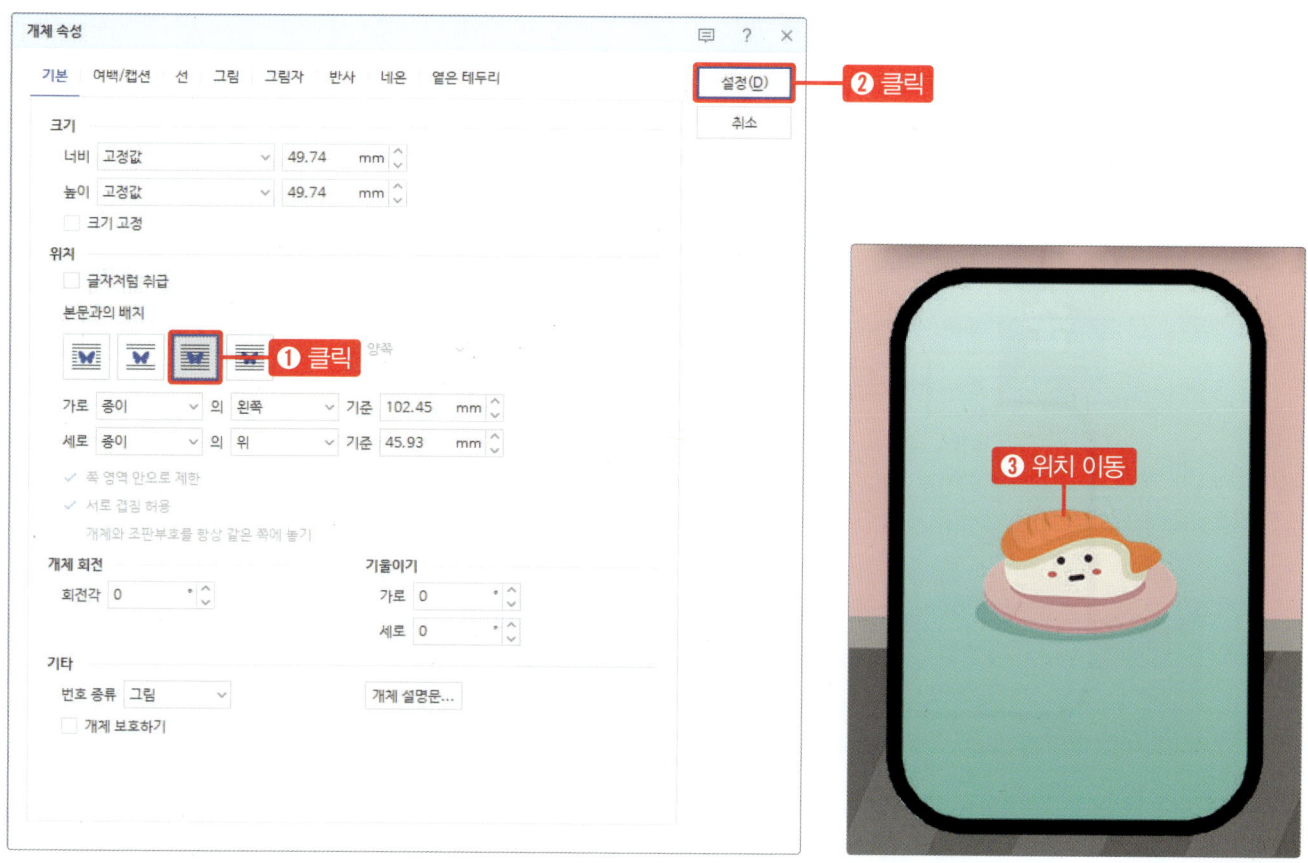

04 Ctrl 키를 누른 상태로 '이미지1'을 드래그하여 그림과 같이 복제한 후 이미지의 크기를 조절해요.

Step 17. 순발력 UP! 초밥 카드 보드게임

05 [입력] 탭-[글맵시()]-[채우기 – 자주색 그러데이션, 회색 그림자, 직사각형 모양]을 선택하여 [글맵시 만들기] 창이 나타나면 "연어초밥"을 입력한 후 글맵시 모양('갈매기형 수장')을 선택하고 [설정]을 클릭해요.

글꼴도 자유롭게 선택하여 개성 있는 초밥 카드를 만들어도 좋아요.

06 글맵시 개체를 마우스 오른쪽 버튼으로 클릭하여 [개체 속성]을 클릭해요.

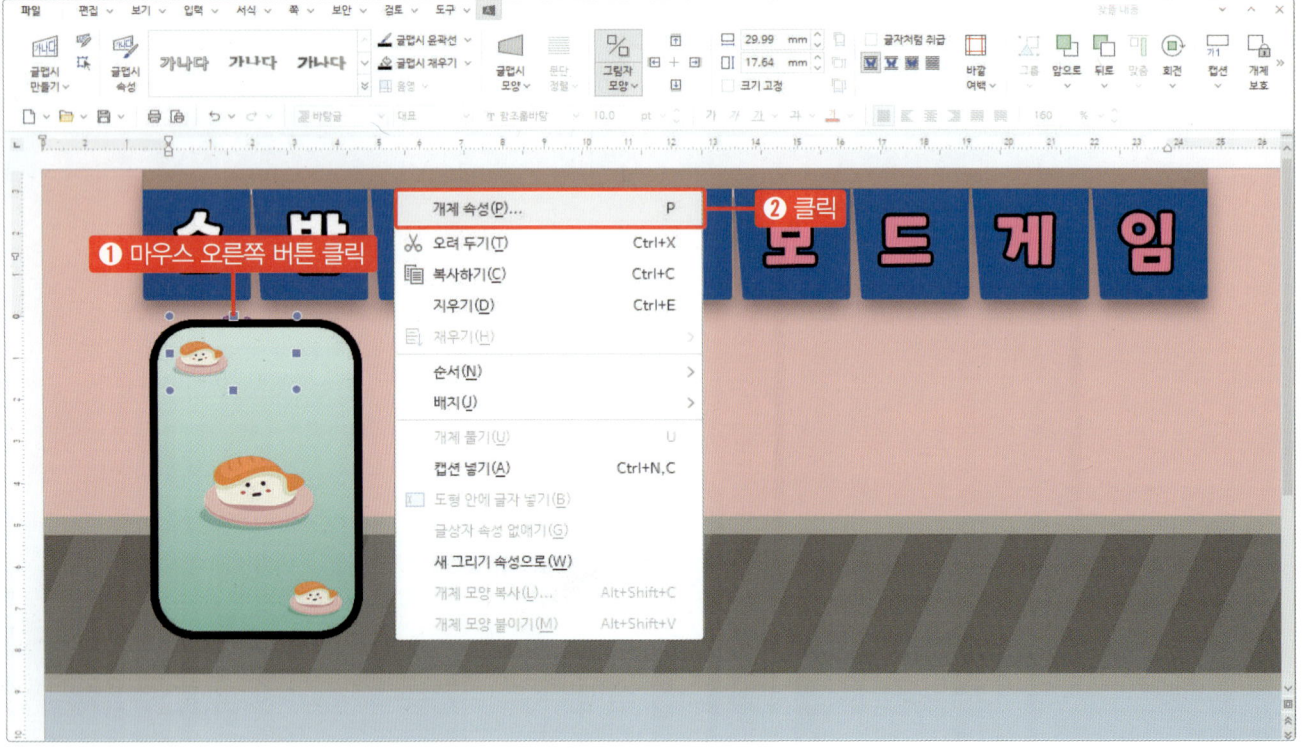

07 [개체 속성] 창이 나타나면 [본문과의 배치]-[글 앞으로(▩)]를 클릭하고 [설정]을 클릭해요. 이어서 글맵시 개체의 크기와 위치를 조절해요.

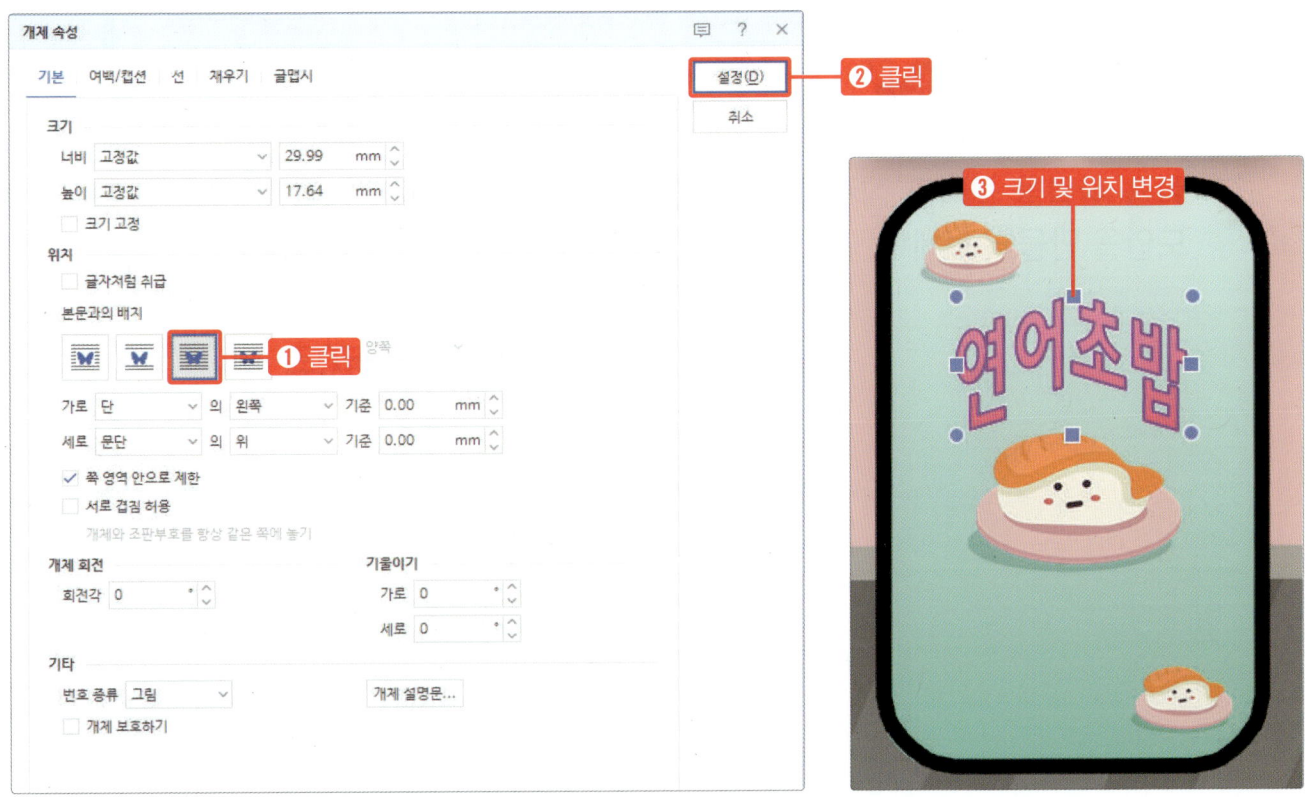

08 앞서 배운 내용을 참고하여 다양한 초밥 카드를 만들어 보세요.

Step 17. 순발력 UP! 초밥 카드 보드게임

생각 쑥쑥 실력 쑥쑥

▶ 예제 파일 : 17강 폴더   ▶ 완성 파일 : 17강 창의_완성.hwpx

1. 실습 파일을 불러와 직사각형 도형을 추가하고 모서리 모양을 변경하여 포토 카드 도안을 만들어 보세요.

2. 이미지와 글맵시를 이용하여 나만의 포토 카드를 완성해 보세요.

Step 18. 어디어디? 숨겨진 보물을 찾아라!

오늘은 무엇을 배울까요?
- 용지 여백을 설정하고 쪽 배경을 이미지로 채워요.
- 표의 셀 배경을 무늬로 채우고 문자표를 삽입해요.

1. 구글 지뢰 찾기 게임을 실행해요.
2. 마우스를 클릭하여 지뢰 찾기 게임을 진행해요.

● 예제 파일 : 18강 폴더   ● 완성 파일 : 18강 완성.hwpx

1. 용지 여백을 설정하고 쪽 배경을 이미지로 채워 보물 지도를 만들어요.
2. 표의 셀 배경을 무늬로 채우고 문자표를 삽입해 보물 지도를 완성해요.

구글 '쏙' 지뢰 찾기 게임 진행하기

지뢰 찾기 게임을 실행해 지뢰가 터지지 않도록 안전하게 게임을 진행해 봐요.

01 지뢰 찾기 게임의 미션을 확인해 봐요.

미션 ❶	게임이 실행되면 잔디를 클릭해요.
미션 ❷	잔디가 사라지고 나타난 숫자들을 확인하고 지뢰가 숨겨져 있을 만한 곳을 예측해요.
미션 ❸	지뢰가 숨겨진 위치를 파악하여 마우스 오른쪽 버튼을 클릭해 깃발을 설치해요.
미션 ❹	설치할 수 있는 깃발의 개수는 한정되어 있으니, 지뢰가 숨겨진 위치를 잘 파악해야 해요.

02 '18강 지뢰찾기' 파일을 더블클릭하여 '지뢰 찾기' 게임을 실행해 봐요.

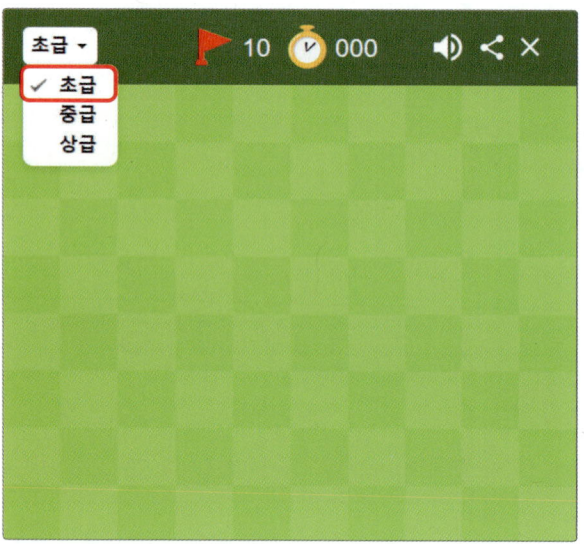

❶ 게임 난이도 선택하기

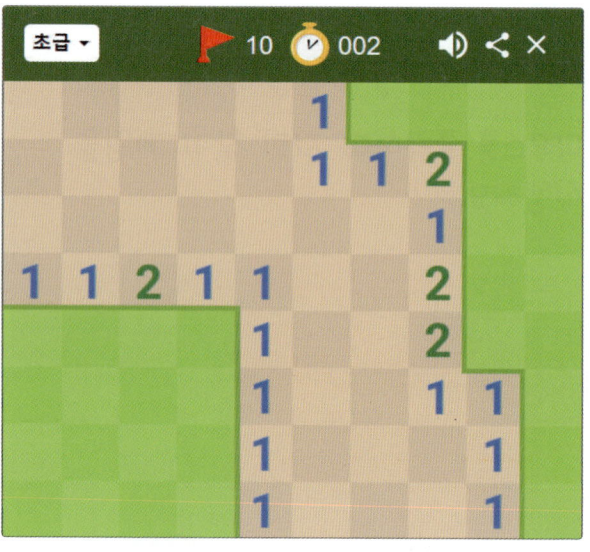

❷ 잔디 클릭하여 숫자 확인하기

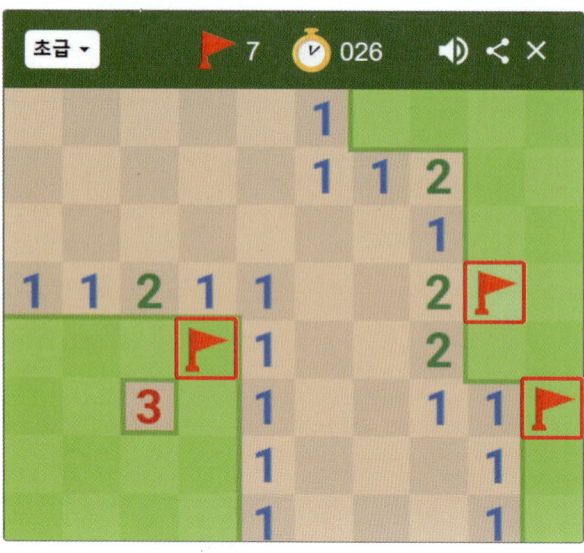

❸ 지뢰가 숨겨져 있는 곳에 깃발 설치하기

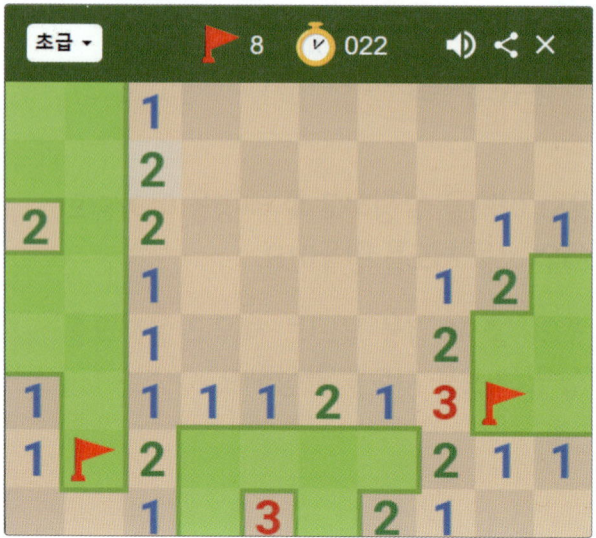

❹ 지뢰가 있는 곳을 피해 게임 진행하기

미션 01. 여백 설정하고 쪽 배경 이미지로 채우기

용지 방향과 여백을 설정하고 쪽 배경을 이미지로 채워 보물 지도를 만들어 봐요.

01 한글 프로그램()을 실행한 후 F7 키를 눌러 [편집 용지] 창이 나타나면 용지 방향을 '가로'로 선택하고 용지 여백 값을 모두 '0'으로 지정한 후 [설정]을 클릭해요.

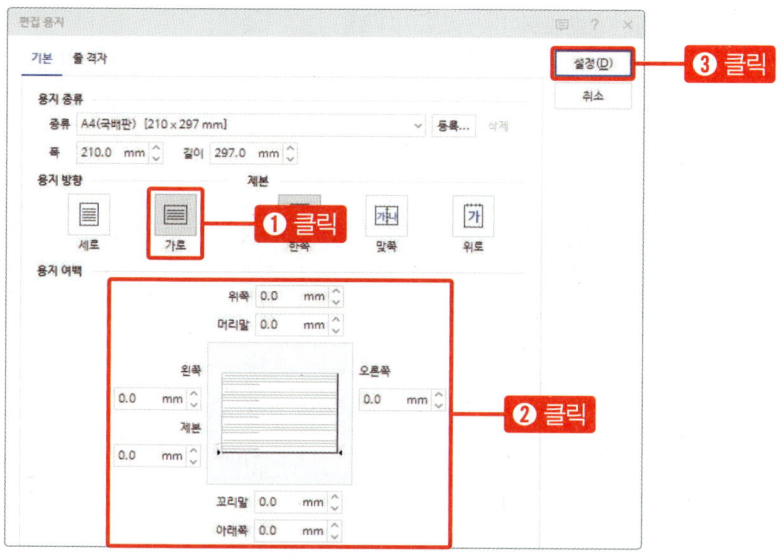

02 [쪽] 탭-[쪽 테두리/배경()]을 클릭하여 [쪽 테두리/배경] 창이 나타나면 [배경] 탭-[그림]-[그림 선택()]을 클릭하여 '이미지1.jpg' 파일을 불러온 후 [설정]을 클릭해요.

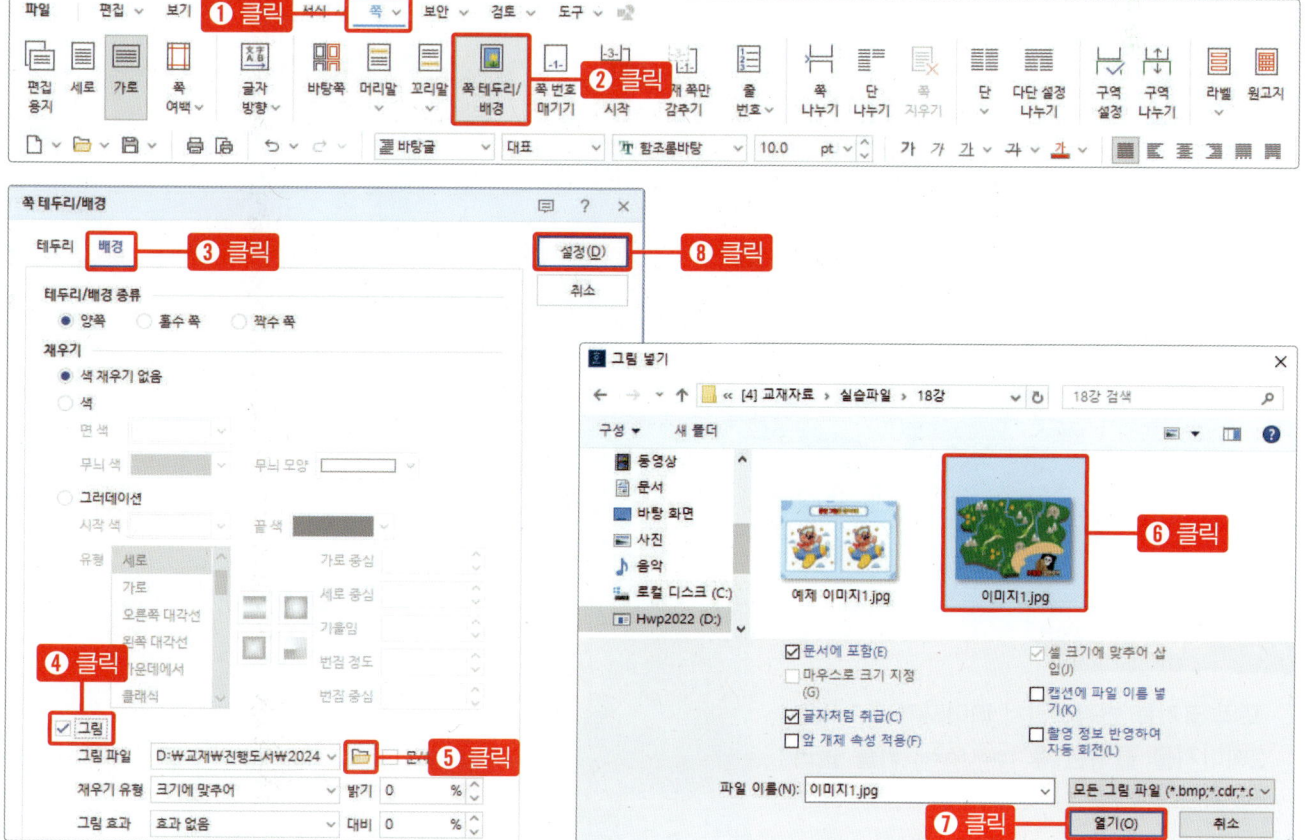

미션 02 표 이용하여 보물 지도 완성하기

표의 셀 배경을 무늬로 채우고 문자표를 삽입하여 보물 지도를 완성해 봐요.

01 [입력] 탭-[표(▦)]를 클릭한 후 '7줄×10칸' 표 영역을 지정하여 표를 삽입해요.

02 첫 번째 셀부터 마지막 셀까지 드래그하여 모든 셀을 영역 지정한 후 Ctrl 키를 누른 상태로 ↓ 키를 눌러 셀의 높이를 조절해요.

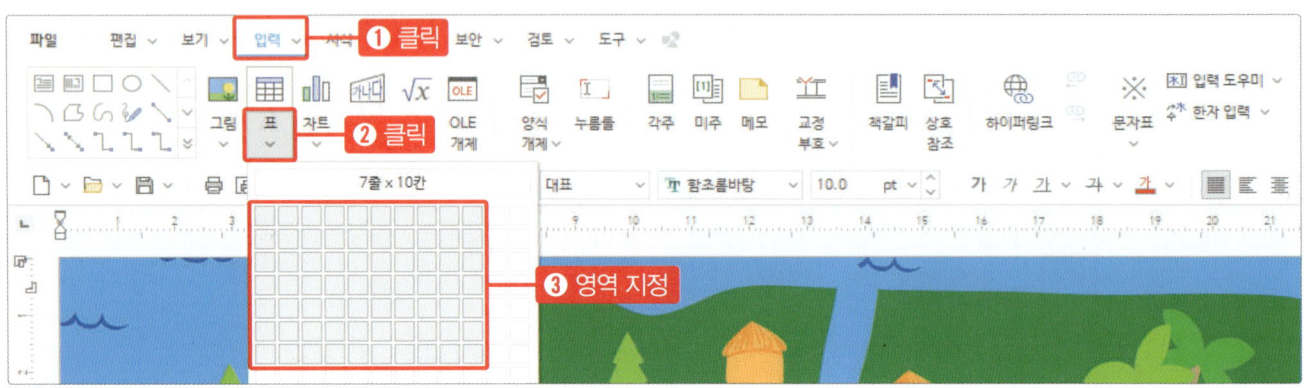

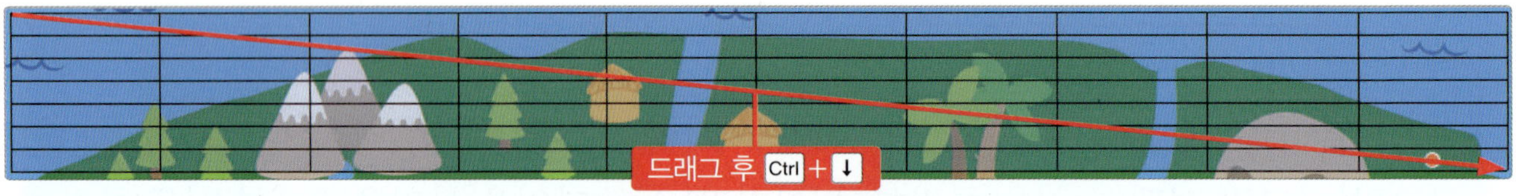

웅이's tip

표의 크기를 변경하면서 페이지가 추가되면 2페이지를 클릭한 후 Back Space 키를 눌러 삭제해요.

03 첫 번째 셀을 마우스 오른쪽 버튼으로 클릭한 후 [셀 테두리/배경]-[각 셀마다 적용]을 클릭해요.

뭉이's tip
마우스를 드래그하거나 Ctrl 키를 누른 상태로 셀을 클릭하면 여러 개의 셀을 한 번에 선택할 수 있어요.

04 [셀 테두리/배경] 창이 나타나면 [배경] 탭-[색]에서 면 색('없음')과 무늬 모양('체크무늬')을 선택한 후 [설정]을 클릭해요.

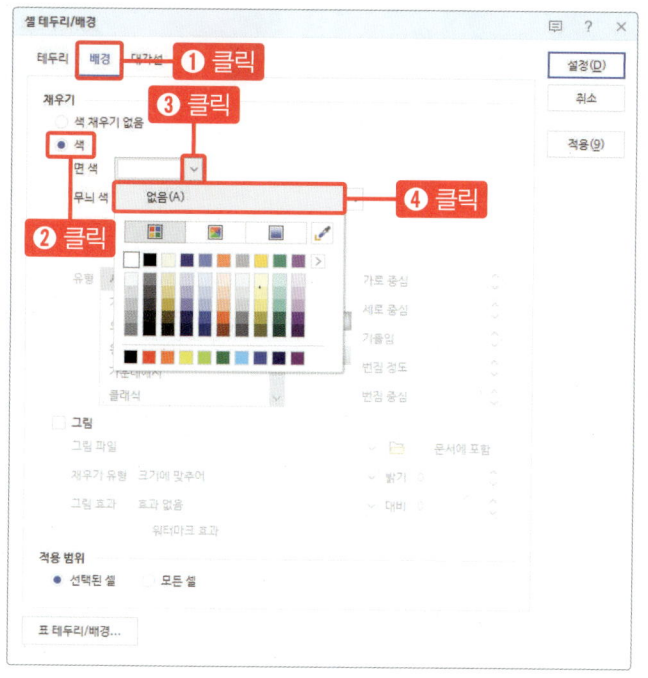
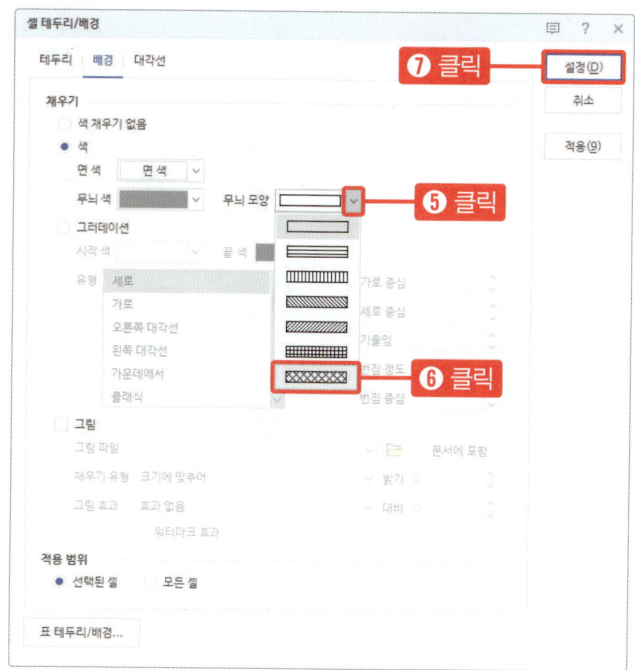

Step 18. 어디어디? 숨겨진 보물을 찾아라!

05 03~04와 같은 방법으로 보물이 있는 곳을 제외한 모든 셀의 배경을 무늬로 채워 보세요.

웅이's tip
다른 곳을 보물 있는 곳으로 지정하고 싶다면 해당 셀을 제외한 나머지 셀의 배경을 무늬로 채워요.

06 보물이 숨겨져 있는 위치를 표시하기 위해 무늬로 채워지지 않은 셀을 클릭하고 [입력] 탭-[문자표(※)]-[문자표]를 클릭하여 [문자표] 창이 나타나면 [사용자 문자표]-[특수기호 및 딩뱃기호]에서 문자표를 선택한 후 [넣기]를 클릭해요.

07 문자표가 삽입되면 크기('50pt'), 글자 색('빨강'), 정렬('가운데 정렬')을 지정해요.

생각 쏙쏙 실력 쏙쏙

▶ 예제 파일 : 18강 폴더   ▶ 완성 파일 : 18강 창의 완성.hwpx

1 새 문서를 실행하여 용지 여백을 설정하고 쪽 배경을 이미지로 채워 틀린 그림 찾기 배경을 만들어 보세요.

짹짹힌트 용지 방향은 '가로', 용지 여백은 전부 '0'으로 지정해요.

2 '8줄×12칸'의 표를 삽입하여 셀 크기를 조절하고 문자표를 삽입하여 틀린 그림을 찾아 보세요.

짹짹힌트 [사용자 문자표]-[수학연산자]에서 문자표를 삽입하고 서식을 자유롭게 지정해 보세요.

Step 18. 어디어디? 숨겨진 보물을 찾아라!

Step 19 귀욤키친! 이모티콘 스티커 만들기

오늘은 무엇을 배울까요?
- 구글 이모지 키친에서 만든 이모티콘을 컴퓨터에 저장해요.
- 도형을 이미지로 채우고 선 서식을 변경해요.

구글 '쓱' 게임 놀이

1. 구글 이모지 키친 게임을 실행해요.
2. 다양한 모양의 이모티콘을 조합하여 새로운 이모티콘을 만들어요.

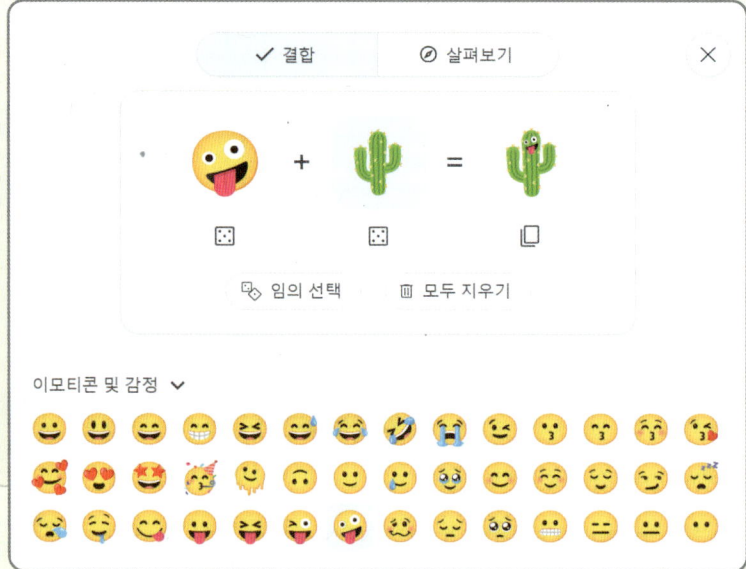

한글 창작 놀이

- 예제 파일 : 19강 폴더
- 완성 파일 : 19강 완성.hwpx

1. 구글 이모지 키친 게임에서 만든 이모티콘을 컴퓨터에 저장해요.
2. 도형을 이미지로 채우고 선 서식을 변경해 이모티콘 스티커를 완성해요.

134 또롱또롱 처음 배우는 한글 2022

구글 '쏙' 이모지 키친 게임 진행하기

이모지 키친 게임을 실행해 다양한 이모티콘을 조합하여 새로운 이모티콘을 만들어 봐요.

01 이모지 키친 게임의 미션을 확인해 봐요.

미션 ❶	화면 상단에 선택된 이모티콘이 있다면 이모티콘을 모두 삭제해요.
미션 ❷	첫 번째 칸을 클릭하고 나타난 이모티콘 중 조합하고 싶은 이모티콘을 선택해요.
미션 ❸	두 번째 칸을 클릭하고 첫 번째 이모티콘과 조합하고 싶은 이모티콘을 선택해요.
미션 ❹	새로운 이모티콘이 만들어지면 이모티콘을 복사하여 다른 곳에 붙여넣어 사용해요.

02 '19강 이모지 키친' 파일을 더블클릭하여 '이모지 키친' 게임을 실행해 봐요.

❶ [요리하기] 클릭하기

❷ [모두 지우기] 클릭하기

❸ 목록에서 원하는 이모티콘 2개 선택하기

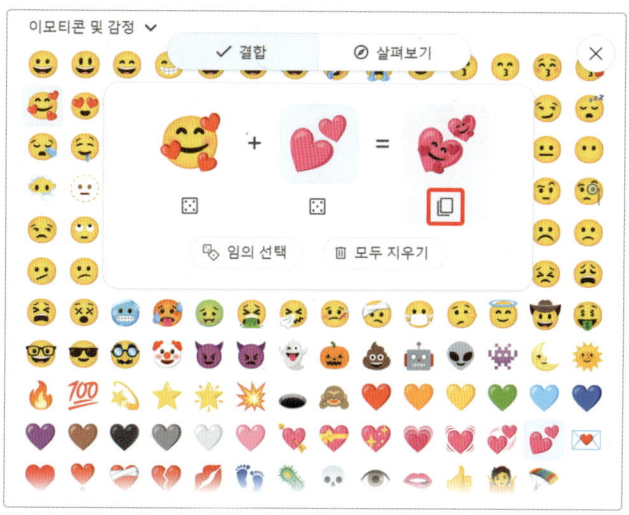

❹ [복사(□)] 클릭하여 원하는 곳에 붙여넣기

Step 19. 귀욤키친! 이모티콘 스티커 만들기 135

나만의 이모티콘 만들기

구글 이미지 키친 게임을 활용하여 나만의 이모티콘을 만들고 컴퓨터에 저장해 봐요.

01 '19강 이미지 키친' 파일을 더블클릭하여 '이미지 키친' 게임을 실행하고 다양한 이모티콘 중에서 2개의 이모티콘을 선택하여 새로운 이모티콘을 만들어요.

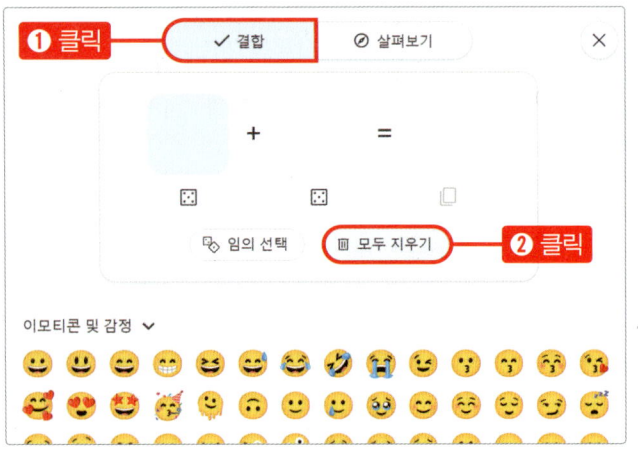
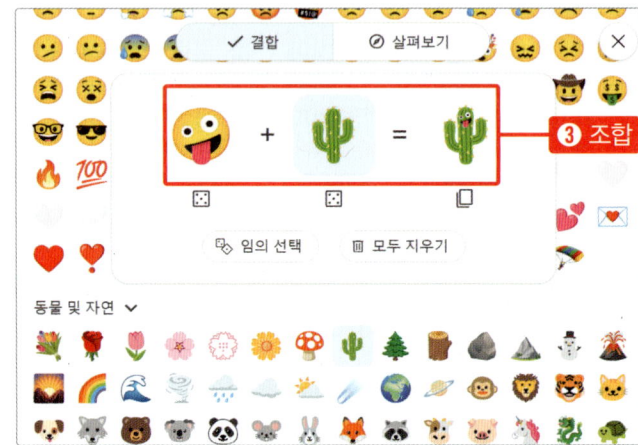

02 새로운 이모티콘을 마우스 오른쪽 버튼으로 클릭하고 [다른 이름으로 사진 저장]을 클릭하여 컴퓨터에 저장해요.

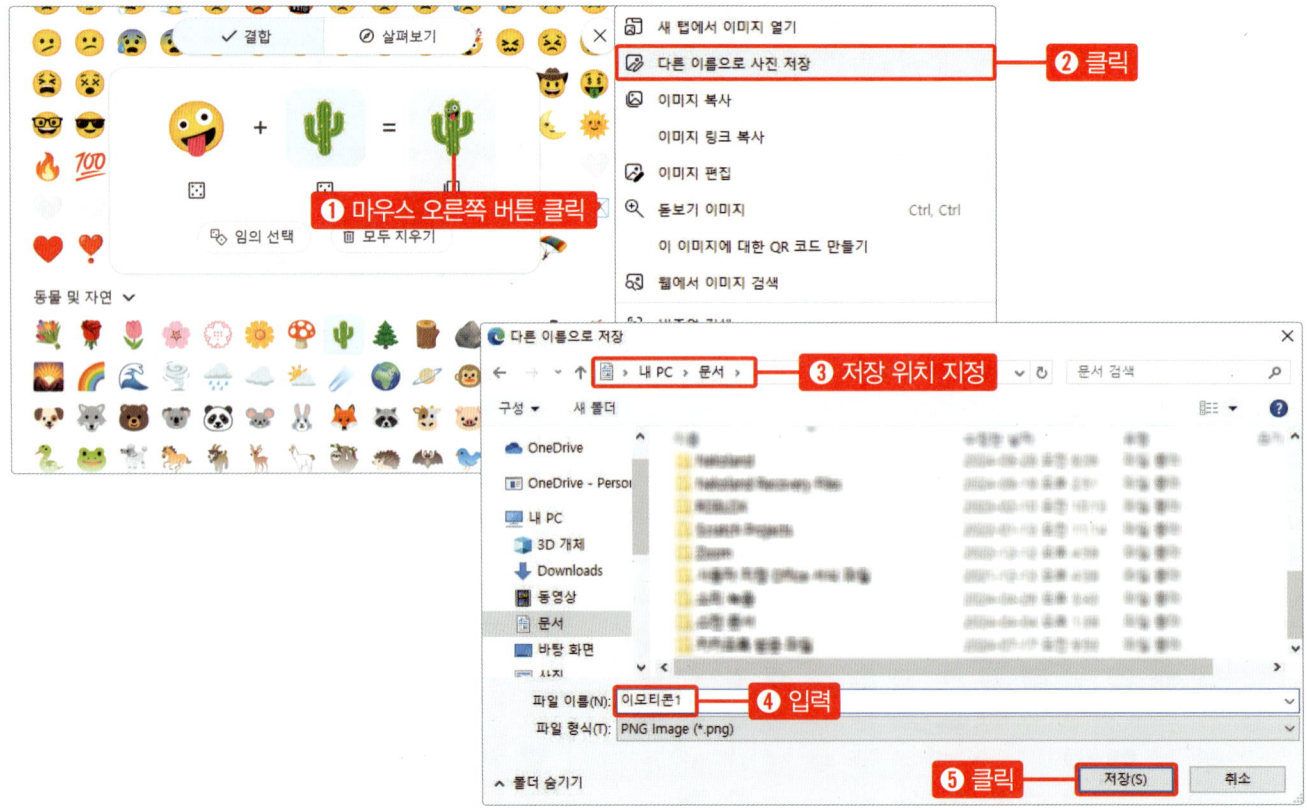

03 같은 방법으로 이모티콘을 자유롭게 조합하여 '9'개의 이모티콘을 컴퓨터에 저장해요.

미션 02 이모티콘 스티커 완성하기

도형을 이미지로 채우고 선 서식을 변경해 이모티콘 스티커를 완성해 봐요.

01 한글 프로그램(📕)을 실행한 후 [파일] 탭-[불러오기]를 클릭하여 [불러오기] 대화상자가 나타나면 '19강 예제.hwpx' 파일을 불러와요.

02 [입력] 탭에서 '타원(◯)' 도형을 클릭한 후 Shift 키를 누른 상태로 드래그하여 '타원' 도형을 삽입해요.

03 '타원' 도형을 마우스 오른쪽 버튼으로 클릭하고 [개체 속성]을 클릭하여 [개체 속성] 창이 나타나면 [선] 탭에서 종류('일점쇄선')와 굵기('3.00mm')를 지정해요.

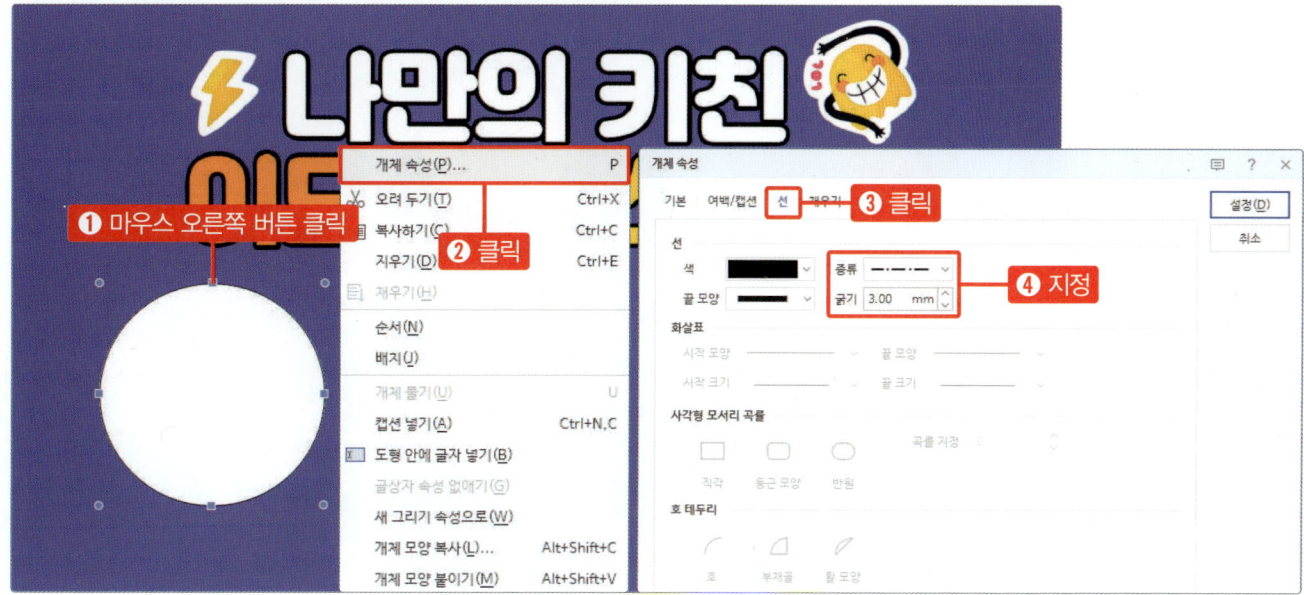

Step 19. 귀욤귀친! 이모티콘 스티커 만들기 **137**

04 [채우기] 탭-[색]에서 면 색['하양(RGB: 255,255,255)']을 지정하고 [그림]-[그림 선택(📁)]을 클릭하여 앞서 저장한 이모티콘을 불러온 후 [설정]을 클릭해요.

움이's tip
'이모지 키친' 게임에서 이모티콘을 저장하지 못했다면 예제 파일을 사용하여 작업해 보세요.

05 앞서 배운 내용을 참고하여 나만의 이모티콘 스티커를 완성해 보세요.

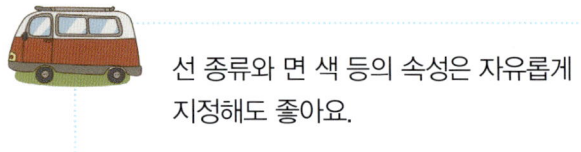

선 종류와 면 색 등의 속성은 자유롭게 지정해도 좋아요.

생각 쏙쏙 실력 쑥쑥

▶ 예제 파일 : 19강 폴더   ▶ 완성 파일 : 19강 창의 완성.hwpx

① 실습 파일을 불러와 이모티콘 내용을 확인하고 '이모지 키친' 게임에서 이모티콘을 제작해 컴퓨터에 저장해 보세요.

② 도형을 삽입하고 도형을 이미지로 채워 나만의 이모티콘을 완성해 보세요.

짹짹 힌트 도형의 선 종류, 선 두께, 면 색 등은 자유롭게 지정해 보세요.

Step 20 삐뚤빼뚤 개성 있는 얼굴 꾸미기

오늘은 무엇을 배울까요?

- 호 도형을 삽입하고 호 테두리를 변경해요.
- 도형을 회전시키고 이미지를 삽입해 얼굴을 만들어요.

구글 '쓱' 게임 놀이

1. 구글 저그 러시 게임을 실행해요.
2. 화면에 나타난 'O' 저그가 검색 결과를 파괴하기 전에 저그를 무찔러요.

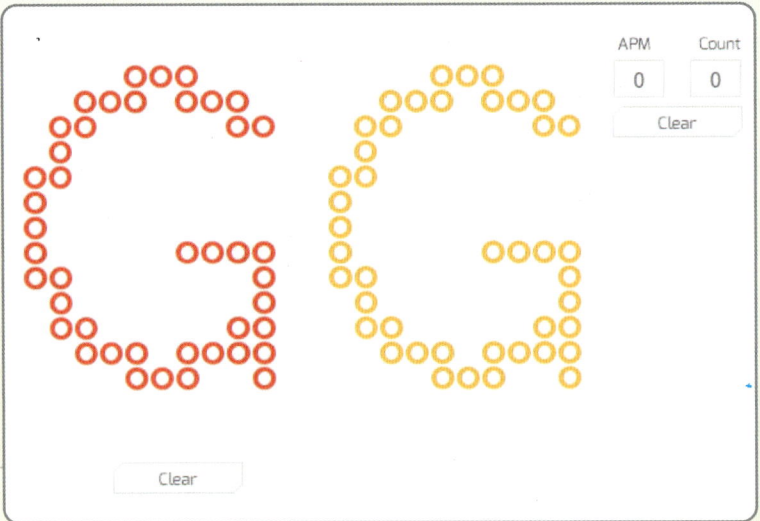

● 예제 파일 : 20강 폴더   ● 완성 파일 : 20강 완성.hwpx

한글 창작 놀이

1. 호 도형을 삽입하고 호 테두리를 부채꼴로 변경해요.
2. 호 도형을 회전시키고 이미지를 삽입해 개성 있는 얼굴을 완성해요.

 # 구글 '쏙' 저그 러시(Zerg Rush) 게임 진행하기

저그 러시 게임을 실행해 저그가 검색 결과를 파괴하기 전에 저그를 무찔러 봐요.

'20강 저그 러시' 파일을 더블클릭하여 '저그 러시' 게임을 실행해 봐요.

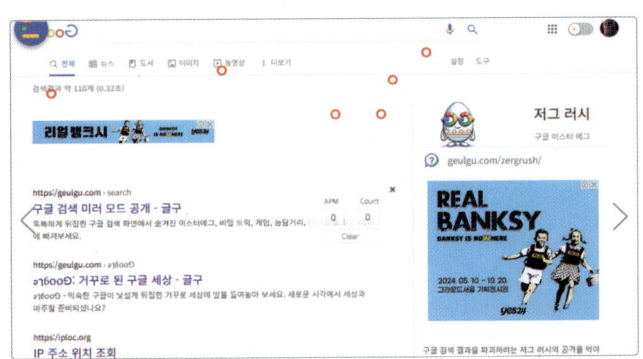

❶ 저그 러시 게임 실행하기

❷ 화면에 'O'가 나타나면 빠르게 클릭하기

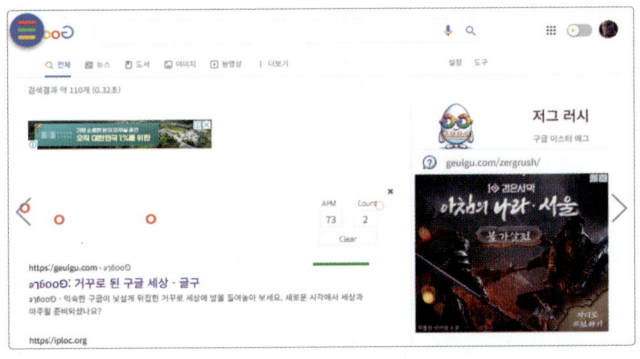

❸ 'O'가 검색 결과를 공격해 파괴되는 모습 확인하기

❹ 검색 결과가 모두 파괴되기 전에 'O' 제거하기

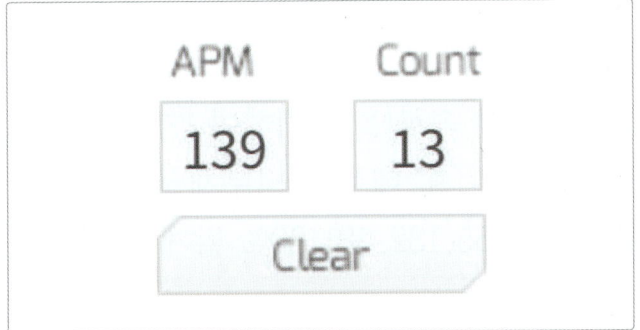

❺ 게임이 종료되면 점수 확인하기

❻ 검색 결과가 모두 파괴되면 'GG(Good Game)' 글자 나타나는지 확인하기

구글 '저그 러시(Zerg Rush)' 게임

구글 저그 러시 게임은 구글이 2012년 공개한 이스터에그예요. 이스터 에그(Easter eggs)란 구글에서 검색, 유튜브, 안드로이드와 같은 구글 제품과 서비스에 추가한 만우절 농담 및 장난을 가리켜요. 구글에서 저그 러시를 검색하면 화려한 'O'들이 화면에 나타나 검색 결과를 파괴하기 시작해요. 빠르게 'O'를 클릭해 검색 결과가 파괴되는 것을 막아 주세요.

Step 20. 삐뚤빼뚤 개성 있는 얼굴 꾸미기 **141**

호 도형 이용하여 얼굴 만들기

호 도형을 삽입하고 호 테두리를 변경한 후 도형을 회전시켜 얼굴 모양을 만들어요.

01 한글 프로그램( )을 실행한 후 [파일] 탭-[불러오기]를 클릭하여 [불러오기] 대화상자가 나타나면 '20강 예제.hwpx' 파일을 불러와요.

02 [입력] 탭에서 '호( )' 도형을 클릭한 후 Shift 키를 누른 상태로 드래그하여 '호' 도형을 삽입해요.

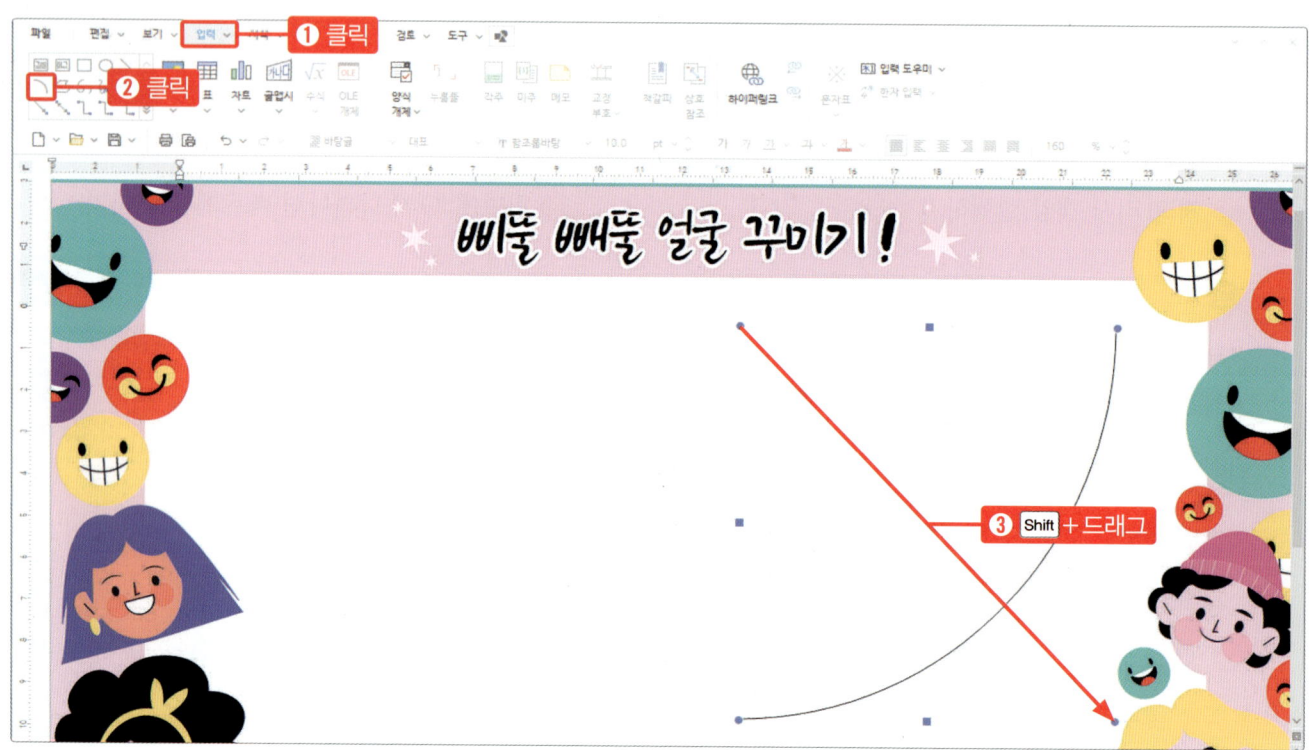

03 '호' 도형을 마우스 오른쪽 버튼으로 클릭하고 [개체 속성]을 클릭하여 [개체 속성] 창이 나타나면 [선] 탭에서 굵기('3.00mm')를 변경하고 [호 테두리]-[부채꼴]을 선택해요. 이어서 [채우기] 탭-[색]-[면 색]-[주황(RGB: 255,132,58) 80% 밝게]를 선택한 후 [설정]을 클릭해요.

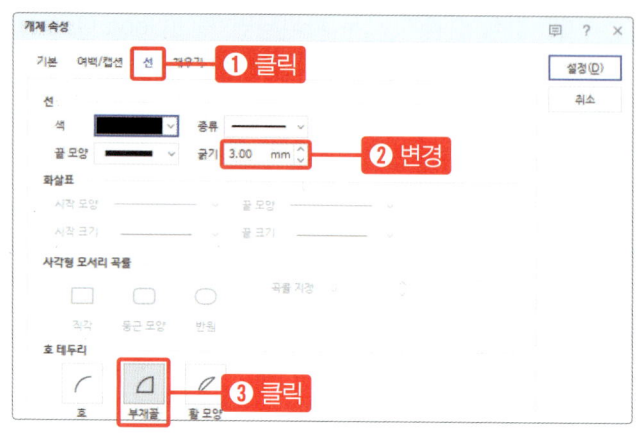

04 '호' 도형을 선택하고 [도형( )] 탭-[회전( )]-[개체 회전]을 클릭하여 도형 꼭지점에 마우스를 가져다 대고 드래그하여 그림과 같이 회전시켜요.

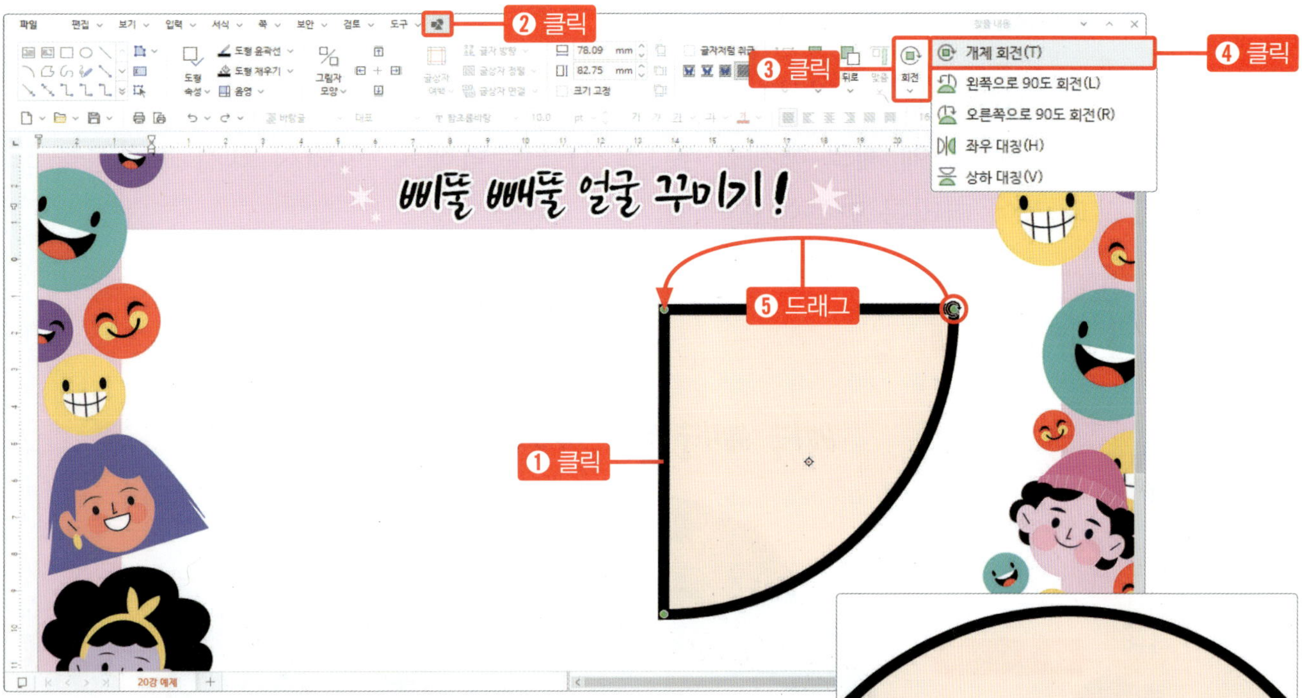

> **웅이's tip**
> Ctrl 키를 누른 상태로 도형을 회전시키면 일정한 각도로 도형을 회전시킬 수 있어요.

05 '호' 도형을 더블클릭하여 [개체 속성] 창이 나타나면 [본문과의 배치]-[글 뒤로( )]를 클릭한 후 [설정]을 클릭해요.

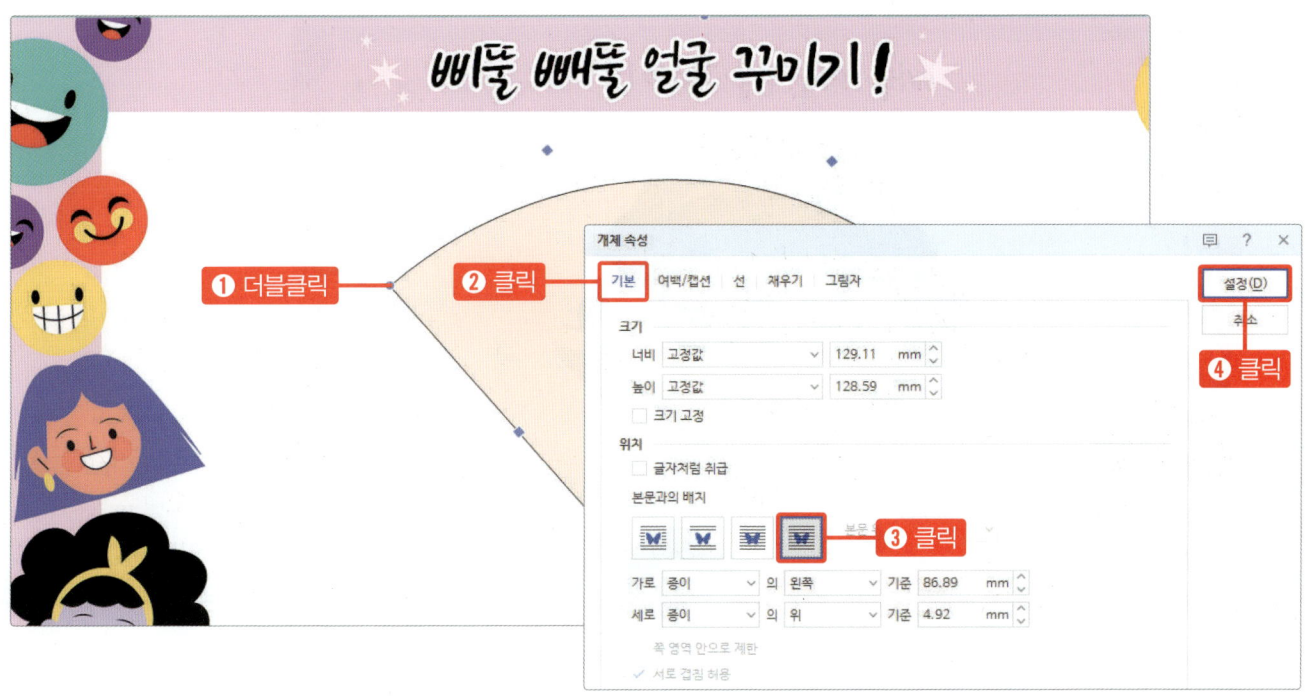

Step 20. 삐뚤빼뚤 개성 있는 얼굴 꾸미기 **143**

미션 02 이미지 삽입하여 개성 있는 얼굴 꾸미기

이미지를 삽입하고 크기와 위치를 조절하여 개성 있는 얼굴을 꾸며봐요.

01 [입력] 탭-[그림( )]을 클릭하여 [그림 넣기] 창이 나타나면 '이미지1.png' 파일을 선택하고 [글자처럼 취급]에 체크 해제한 후 [열기]를 클릭해요. 이어서 크기 조절점을 드래그하여 그림과 같이 머리를 만들어요.

02 앞서 배운 내용을 참고하여 '이미지2'~'이미지5'를 삽입하고 개체를 회전시킨 후 크기와 위치를 조절하여 삐뚤빼뚤 개성 있는 얼굴을 완성해 보세요.

뭉이's tip
이미지가 원하는 위치로 이동하지 않을 경우 [개체 속성] 창-[본문과의 배치]-[글 뒤로]를 선택한 후 작업해 보세요.

생각 쏙쏙 실력 쑥쑥

▶ 예제 파일 : 20강 폴더   ▶ 완성 파일 : 20강 창의 완성.hwpx

1 실습 파일을 불러와 호 도형을 삽입하고 회전시켜 복불복 룰렛 판을 만들어 보세요.

 [개체 속성]-[선] 탭에서 선 굵기('1.00mm')와 호 테두리('부채꼴')를 지정하고 [채우기] 탭에서 면 색을 자유롭게 지정해 보세요.

2 이미지를 삽입하고 크기와 위치를 변경하여 복불복 룰렛 판을 완성해 보세요.

 '예제이미지1'~'예제이미지4' 파일을 이용해요.

Step 20. 삐뚤빼뚤 개성 있는 얼굴 꾸미기 145

Step 21 나무 가득! 칭찬 스티커 판 만들기

오늘은 무엇을 배울까요?

- 글맵시를 삽입하고 크기와 위치를 변경하여 제목을 만들어요.
- 도형을 삽입하고 맞춤 기능을 활용하여 깔끔하게 정렬해요.

구글 '쏙' 게임 놀이

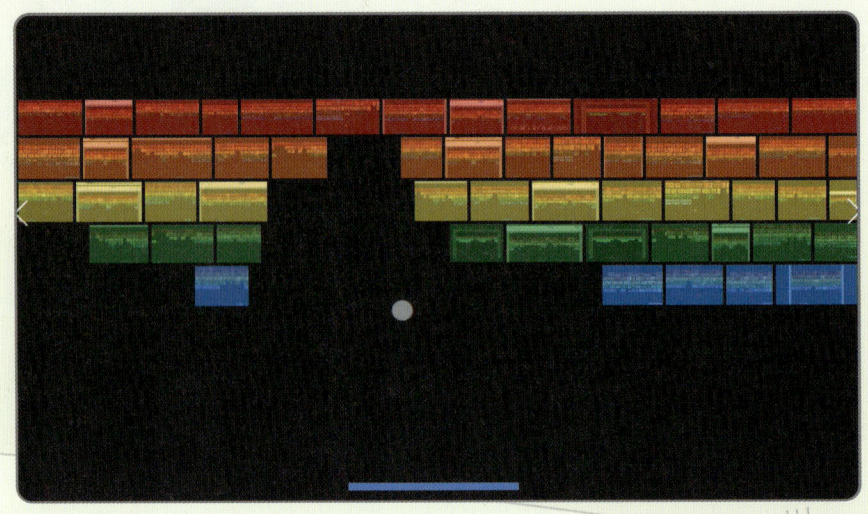

1. 구글 아타리 브레이크아웃 게임을 실행해요.
2. 패들을 좌우로 움직여 벽돌을 깨요.

한글 창작 놀이

● 예제 파일 : 21강 폴더   ● 완성 파일 : 21강 완성.hwpx

1. 글맵시를 삽입하여 칭찬 스티커 판 제목을 입력해요.
2. 도형을 삽입하고 복제한 후 맞춤 기능을 활용해 깔끔하게 정리해요.

구글 '쏙' 아타리 브레이크아웃 게임 진행하기

아타리 브레이크아웃 게임을 실행해 패들을 움직여 벽돌을 모두 깨봐요.

01 아타리 브레이크아웃 게임의 미션을 확인해 봐요.

미션 ❶	마우스 또는 키보드를 이용하여 패들을 오른쪽, 왼쪽으로 이동시켜요.
미션 ❷	공이 바닥에 닿기 전에 패들로 공을 튕겨요.
미션 ❸	공을 튕겨 화면 속 벽돌을 모두 깨고 점수를 얻어요.

02 '21강 아타리 브레이크아웃' 파일을 더블클릭하여 '아타리 브레이크아웃' 게임을 실행해 봐요.

❶ 아타리 브레이크아웃 게임 실행하기

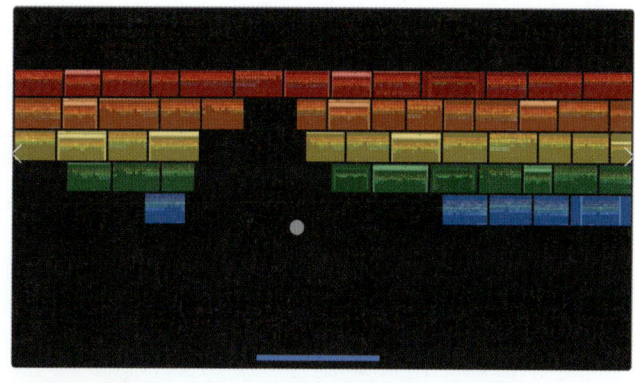

❷ ←, → 키 이용하여 패들 움직이기

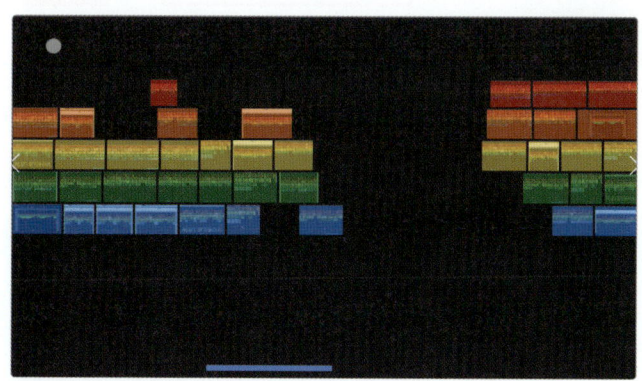

❸ 패들로 공 튕겨 벽돌 깨기

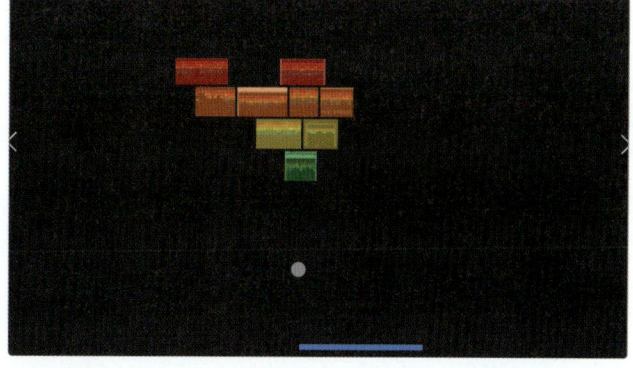

❹ 화면의 벽돌 모두 깰 때까지 게임 진행하기

Step 21. 나무 가득! 칭찬 스티커 판 만들기

미션 01 글맵시 삽입하여 칭찬 스티커 판 제목 만들기

글맵시를 삽입하고 크기와 위치를 조절하여 칭찬 스티커 판 제목을 만들어 봐요.

01 한글 프로그램( )을 실행한 후 [파일] 탭-[불러오기]를 클릭하여 [불러오기] 대화상자가 나타나면 '21강 예제.hwpx' 파일을 불러와요.

02 [입력] 탭-[글맵시( )]-[채우기 - 진한 자주색 그러데이션, 연자주색 그림자, 위쪽 리본 사각형 모양]을 클릭하여 [글맵시 만들기] 창이 나타나면 "나무가득 칭찬 열매를 가득 채워요!"를 입력하고 글꼴('MD개성체')을 지정한 후 [설정]을 클릭해요.

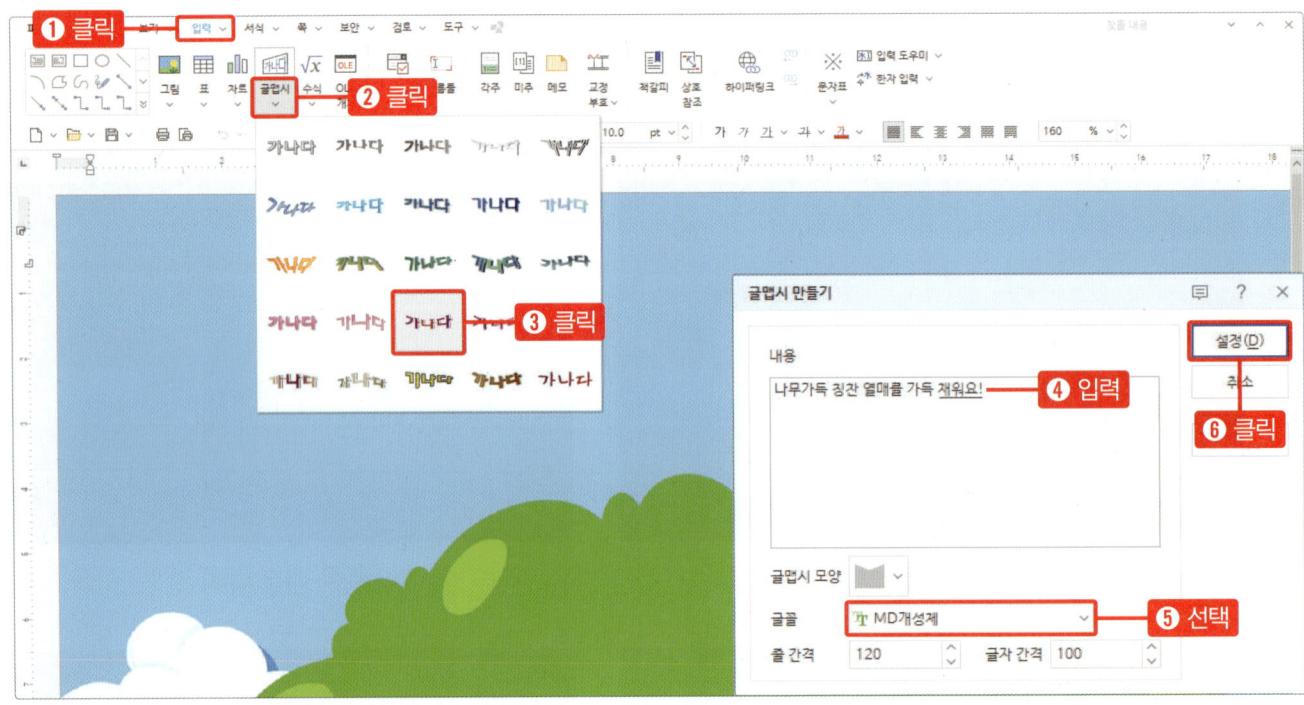

03 글맵시 개체가 삽입되면 그림과 같이 크기와 위치를 조절해요.

 **도형 삽입하고 맞춤 기능 이용하여 정렬하기**

도형을 삽입하고 복제하여 칭찬 스티커 판을 만들고 맞춤 기능을 이용하여 깔끔하게 정렬해 봐요.

01 [입력] 탭에서 '타원(○)' 도형을 선택하고 Shift 키를 누른 상태로 드래그하여 도형을 삽입해요.

02 '타원' 도형을 더블클릭하여 [개체 속성] 창이 나타나면 [채우기] 탭-[그러데이션]에서 시작 색['주황(RGB: 255,132,58) 80% 밝게']과 끝 색['빨강(RGB: 255,0,0)']을 선택하고 유형('가운데에서', '원형')을 선택한 후 [설정]을 클릭해요.

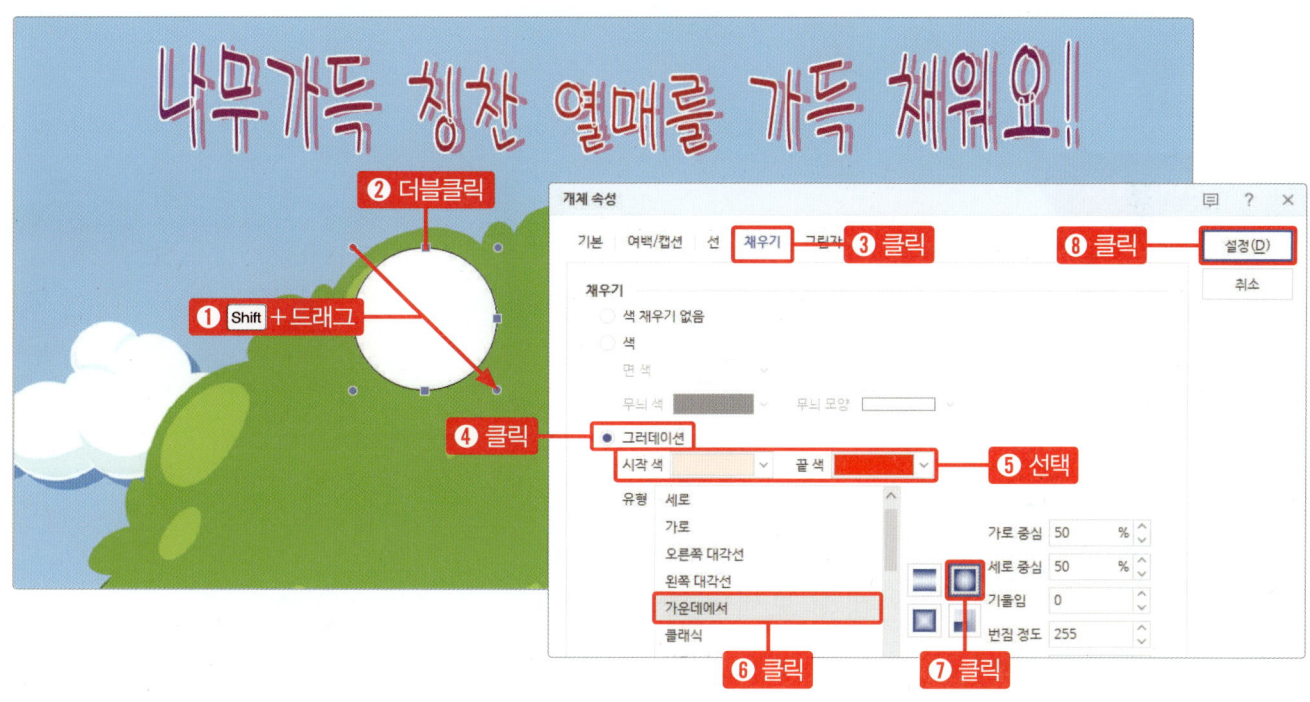

03 '타원' 도형을 선택하고 Ctrl 키를 누른 상태로 드래그하여 그림과 같이 복제해요.

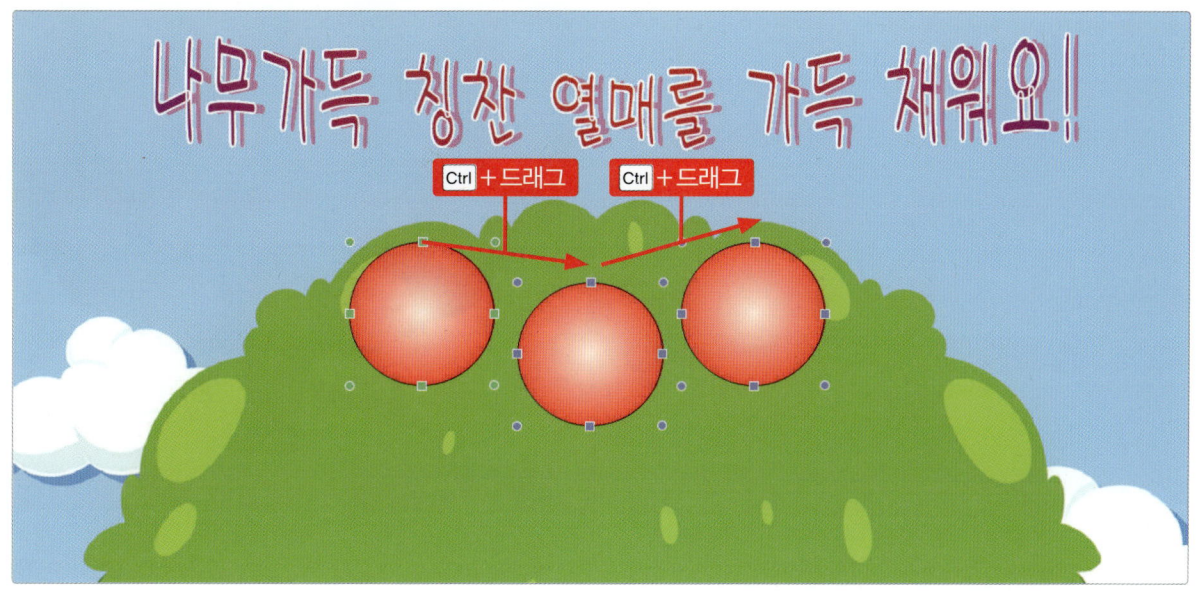

04 '타원' 도형을 모두 선택한 후 [도형( )] 탭-[맞춤( )]-[위쪽 맞춤]을 클릭하여 도형을 정렬해요.

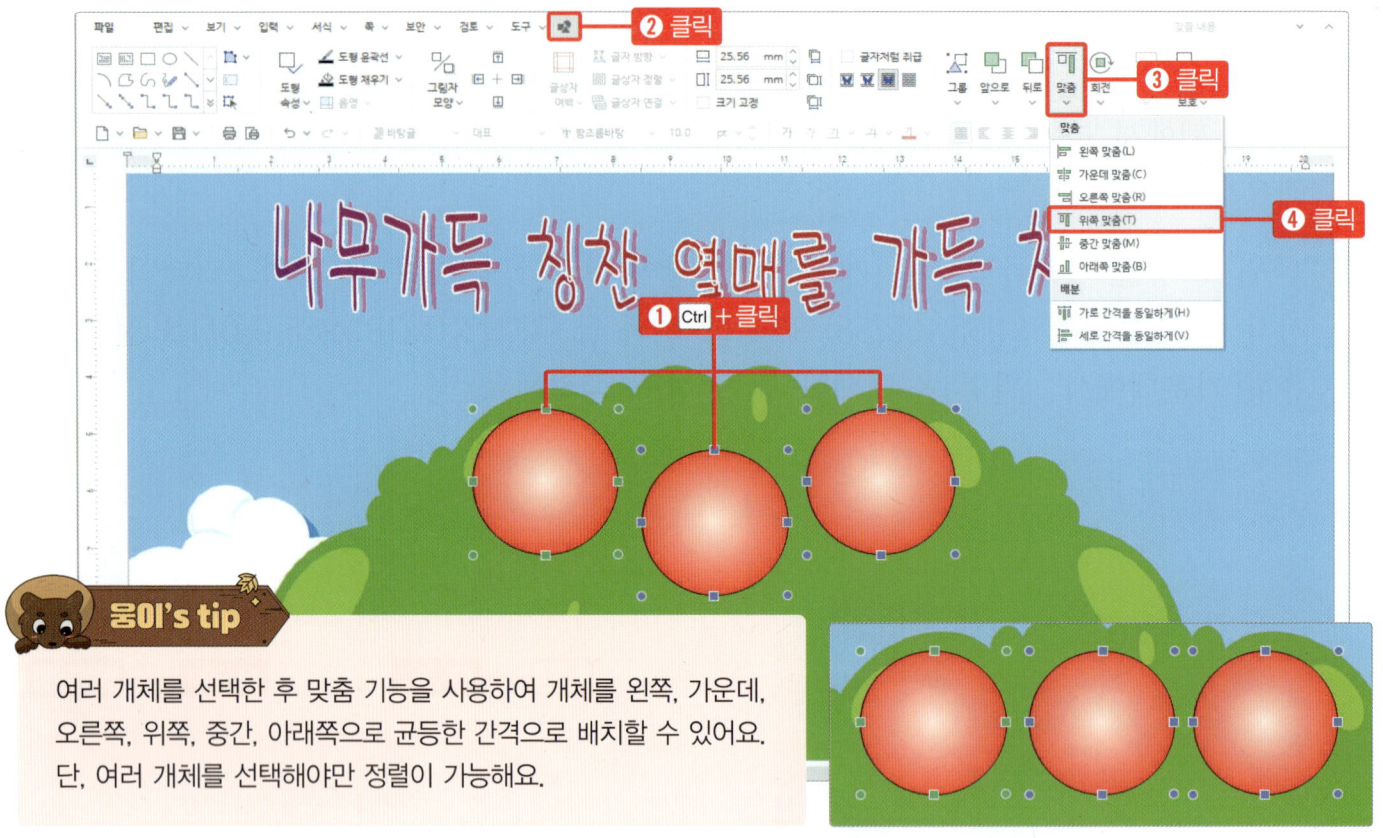

웅이's tip

여러 개체를 선택한 후 맞춤 기능을 사용하여 개체를 왼쪽, 가운데, 오른쪽, 위쪽, 중간, 아래쪽으로 균등한 간격으로 배치할 수 있어요. 단, 여러 개체를 선택해야만 정렬이 가능해요.

05 03~04와 같은 방법으로 '타원' 도형을 복제하고 맞춤 기능을 이용하여 그림과 같이 칭찬 스티커 판을 완성해 보세요.

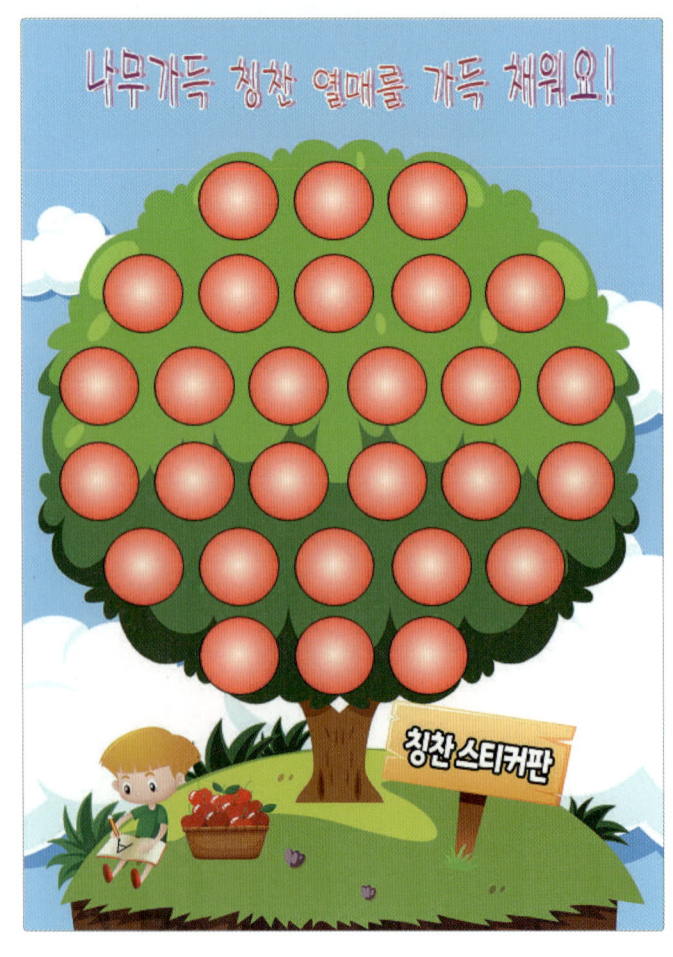

생각 쏙쏙 실력 쏙쏙

▶ 예제 파일 : 21강 폴더 ▶ 완성 파일 : 21강 창의 완성.hwpx

1 실습 파일을 불러와 글맵시를 이용하여 제목을 입력해 보세요.

짹짹힌트 '채우기 - 연분홍색 그러데이션, 연회색 그림자, 물결 4 모양' 글맵시를 삽입하고 글꼴을 '한컴 윤체 B'로 선택해 보세요.

2 타원 도형을 삽입하고 복제한 후 맞춤 기능을 이용하여 포도 송이를 완성해 보세요.

Step 22 꼬레아~ 월드컵 경기 결과표

오늘은 무엇을 배울까요?

- 도형의 투명도를 조절하고 이미지에 하이퍼링크를 연결해요.
- 셀의 크기를 조절하고 셀 배경색을 채워요.

구글 '쏙' 게임 놀이

1. 구글 축구 게임을 실행해요.
2. 날아오는 축구공이 골대 안으로 들어가지 못하도록 막아요.

한글 창작 놀이

● 예제 파일 : 22강 폴더　● 완성 파일 : 22강 완성.hwpx

1. 도형의 투명도를 조절한 후 이미지에 하이퍼링크를 연결해요.
2. 표의 크기를 조절하고 셀 배경색을 변경해 월드컵 경기 결과표를 완성해요.

 ## 구글 '쏙' 축구 게임 진행하기

축구 게임을 실행해 날아오는 축구공이 골대 안으로 들어가지 못하도록 해봐요.

01 축구 게임의 미션을 확인해 봐요.

미션 ❶	키커가 어디로 공을 찰지 주의 깊게 관찰해요.
미션 ❷	키보드의 ←, → 키를 이용해 축구공이 날아오는 방향으로 이동해요.
미션 ❸	Space Bar 또는 ↑ 키를 이용해 점프하여 축구공을 막아요.

02 '22강 축구' 파일을 더블클릭하여 '축구' 게임을 실행해 봐요.

❶ 축구 게임 실행하기

❷ 게임 방법 확인하기

❸ ←, → 키 눌러 좌우로 이동하기

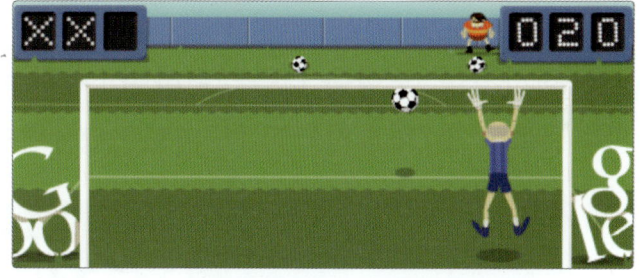

❹ Space Bar 또는 ↑ 키 눌러 점프하기

구글 '축구' 게임

구글 축구 게임은 2012년 8월 10일 런던 하계 올림픽에 출전하는 모든 선수를 응원하기 위해 제작되었어요. 이 게임은 키보드를 이용해 날아오는 축구공을 막는 단순한 게임이에요.

미션 01 도형의 투명도 변경하고 이미지에 하이퍼링크 연결하기

도형을 삽입하고 투명도를 변경한 후 이미지에 하이퍼링크를 연결해 봐요.

01 한글 프로그램(호)을 실행한 후 [파일] 탭-[불러오기]를 클릭하여 [불러오기] 대화상자가 나타나면 '22강 예제.hwpx' 파일을 불러와요.

02 [입력] 탭에서 '직사각형(□)' 도형을 선택하여 그림과 같이 삽입하고 마우스 오른쪽 버튼을 클릭하여 [도형 안에 글자 넣기]를 클릭한 후 "한국 : 2"를 입력해요.

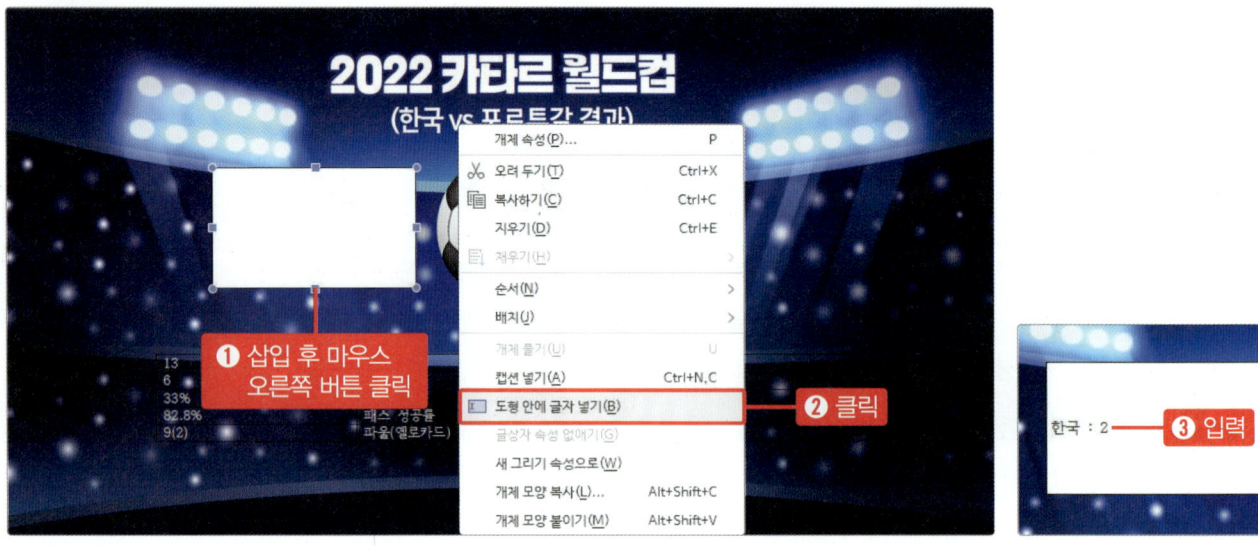

03 '직사각형' 도형을 더블클릭하여 [개체 속성] 창이 나타나면 [선] 탭-[선]-[종류]-[없음]을 선택하고 [채우기] 탭-[투명도 설정]에서 투명도를 '70%'로 지정한 후 [설정]을 클릭해요.

04 이어서 서식 도구 상자에서 글꼴('양재튼튼체B'), 크기('24pt'), 글자 색['노랑(RGB: 255,255,0)'], 정렬('가운데 정렬')을 지정해요.

05 [입력] 탭-[그림(🖼️)]을 클릭하여 '태극기.png' 파일을 삽입하고 그림과 같이 크기와 위치를 조절해요.

> **뭉이's tip**
> 이미지를 삽입할 때 '글자처럼 취급'에 체크를 해제한 후 삽입해요.

06 [입력] 탭-[하이퍼링크(🌐)]를 클릭하여 [하이퍼링크] 창이 나타나면 [찾아보기(📁)]를 클릭하여 '대한민국 소개.hwpx' 파일을 불러온 후 [넣기]를 클릭해요.

07 Ctrl 키를 누른 상태로 '태극기' 이미지를 클릭하여 연결된 문서가 실행되는지 확인해요.

웅이's tip

하이퍼링크가 연결되면 Ctrl 키를 누른 상태로 개체에 마우스 포인터를 가져다 댔을 때 마우스 포인터 모양이 손가락 모양으로 변경돼요.

08 02~07과 같은 방법으로 포르투갈의 점수를 입력하고 '포르투갈' 이미지에 '포르투갈 소개.hwpx' 문서를 연결해요.

미션 02 표 크기 조절하고 셀 배경색 변경하기

표의 크기를 조절하고 셀 배경색을 변경하여 월드컵 경기 결과표를 완성해 봐요.

01 표의 첫 번째 셀부터 마지막 셀까지 드래그하여 영역 지정한 후 서식 도구 상자에서 글꼴('양재튼튼체B'), 크기('20pt'), 글자 스타일('진하게'), 글자 색['하양(RGB:255,255,255) 5% 어둡게'], 정렬('가운데 정렬')을 지정해요.

02 이어서 모든 셀이 선택되어 있는 상태에서 Ctrl 키를 누른 상태로 키보드의 ↓ 키를 눌러 표의 높이를 조절해요.

Step 22. 꼬레아~ 월드컵 경기 결과표 **157**

03 두 번째 칸 첫 번째 줄부터 마지막 줄까지 드래그하여 영역 지정한 후 마우스 오른쪽 버튼을 클릭하고 [셀 테두리/배경]-[각 셀마다 적용]을 클릭해요.

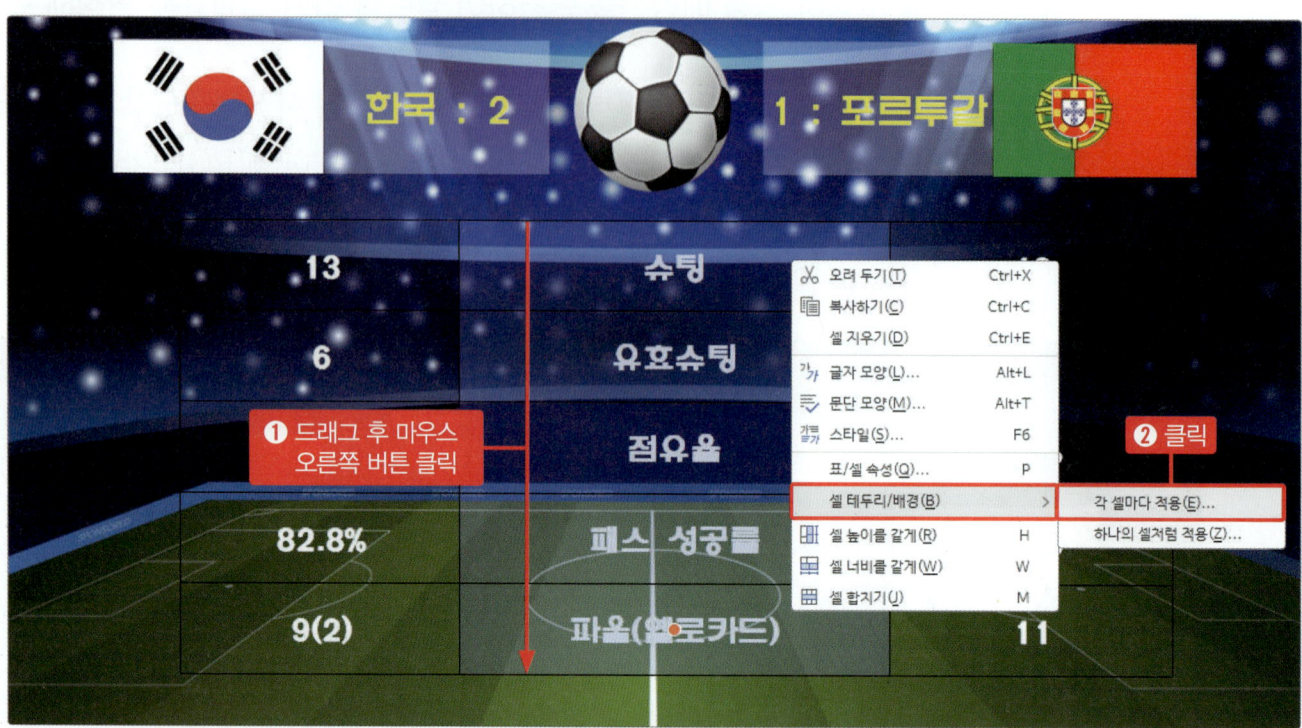

04 [셀 테두리/배경] 창이 나타나면 [배경] 탭-[색]에서 면 색['빨강(RGB: 255,0,0)']을 선택하고 [설정]을 클릭해요.

05 완성된 월드컵 경기 결과표를 확인해요.

생각 쏙쏙 실력 쏙쏙

▶ 예제 파일 : 22강 폴더   ▶ 완성 파일 : 22강 창의 완성.hwpx

1 실습 파일을 불러와 직사각형 도형에 글자를 입력하고 도형의 투명도를 설정하여 시간표 제목을 만들어 보세요.

2 표의 크기를 조절하고 셀 배경색을 변경하여 1학년 1반 1학기 시간표를 완성해 보세요.

잭잭힌트 서식 도구 상자에서 글자 서식을 자유롭게 지정해 보세요.

Step 23 축하해! 생일 축하 카드 만들기

오늘은 무엇을 배울까요?

- 곡선 도형을 삽입하고 좌우 대칭을 이용하여 가랜드 끈을 만들어요.
- 그리기마당의 그리기 조각을 이용하여 가랜드를 완성해요.

구글 '쏙' 게임 놀이

1. 구글 포니 익스프레스 게임을 실행해요.
2. 말을 타고 이동하며 길에 떨어진 우편물을 모아요.

한글 창작 놀이

● 예제 파일 : 23강 폴더   ● 완성 파일 : 23강 완성.hwpx

1. 곡선 도형을 삽입하고 좌우 대칭을 이용해 가랜드 끈을 만들어요.
2. 그리기마당의 그리기 조각을 삽입하고 개체를 회전시켜 가랜드를 완성해요.

 ## 구글 '쏙' 포니 익스프레스 게임 진행하기

포니 익스프레스 게임을 실행해 말을 타고 이동하며 우편물을 모아봐요.

'23강 포니 익스프레스' 파일을 더블클릭하여 '포니 익스프레스' 게임을 실행해 봐요.

❶ 포니 익스프레스 게임 실행하기

❷ 도착 지점 확인하기

❸ 키보드의 ↑, ↓ 키 눌러 위치 조종하며 장애물 피해 우편물 모으기

❹ 중간 도착 지점에 도착하여 말 바꿔 타기

❺ 사람들의 환호 받으며 도착 지점 골인하기

❻ 모은 우편물 개수 확인하기

구글 '포니 익스프레스' 게임

포니 익스프레스는 말을 타고 우편물을 배달하는 미국의 우편 서비스로, 미국의 동부와 서부를 연결했어요. 빠른 우편 배달을 위해 기수들이 말을 타고 이동하며 우편물을 배달했는데, 당시 교통 수단으로서는 혁신적인 방법이었어요. 구글은 포니 익스프레스의 155주년을 기념하기 위해 이 게임을 만들었어요.

Step 23. 축하해! 생일 축하 카드 만들기

곡선 도형 이용하여 가랜드 끈 만들기

곡선 도형을 삽입하고 서식을 지정한 후 좌우 대칭하여 생일 카드를 꾸밀 가랜드 끈을 만들어 봐요.

01 한글 프로그램( )을 실행한 후 [파일] 탭-[불러오기]를 클릭하여 [불러오기] 대화상자가 나타나면 '23강 예제.hwpx' 파일을 불러와요.

02 [입력] 탭에서 '곡선( )' 도형을 선택하고 마우스를 클릭해가며 그림과 같이 곡선을 만들고 '곡선' 도형을 더블클릭해요.

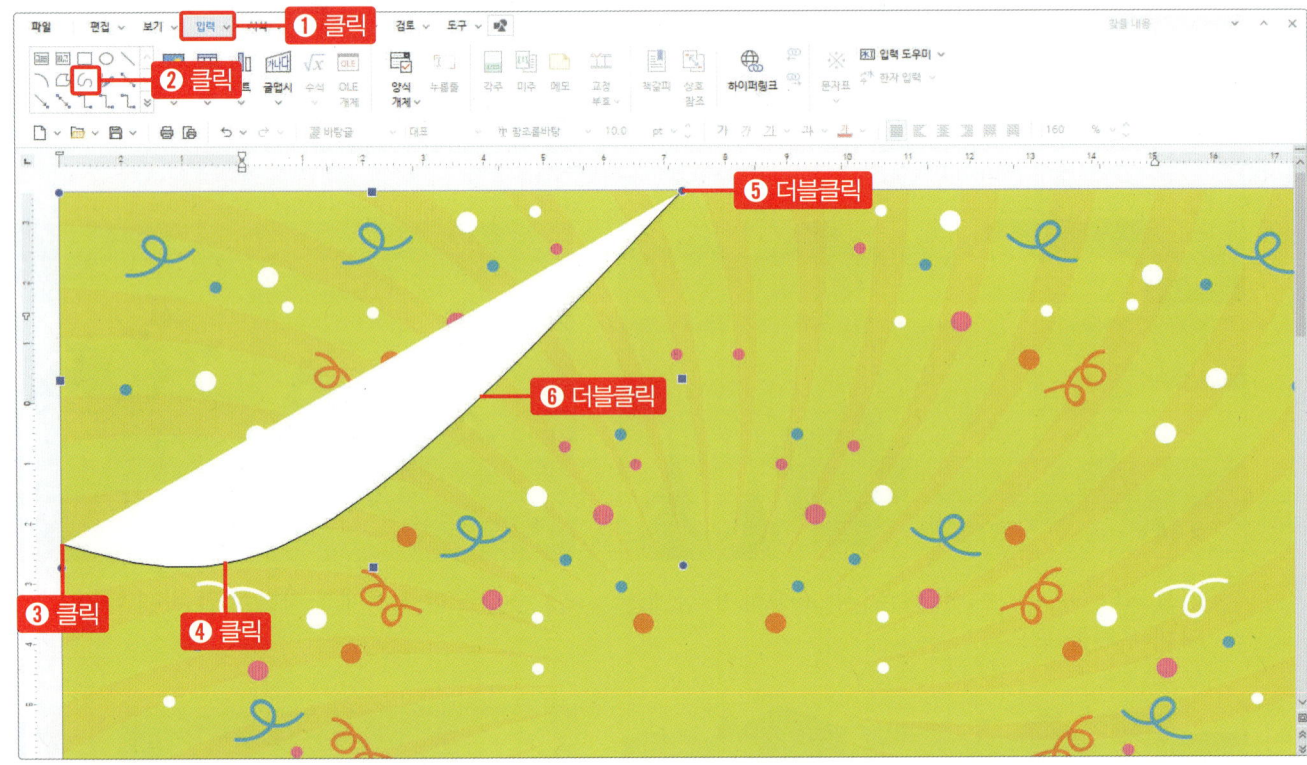

03 [개체 속성] 창이 나타나면 [채우기] 탭-[색 채우기 없음]을 클릭하고 [선] 탭에서 선 색 ['하양(RGB: 255,255,255)']과 굵기('2.00mm')를 지정한 후 [설정]을 클릭해요.

04 Ctrl + Shift 키를 누른 상태로 '곡선' 도형을 드래그하여 그림과 같이 복제한 후 복제한 '곡선' 도형을 선택하고 [도형( )] 탭-[회전( )]-[좌우 대칭]을 클릭해요.

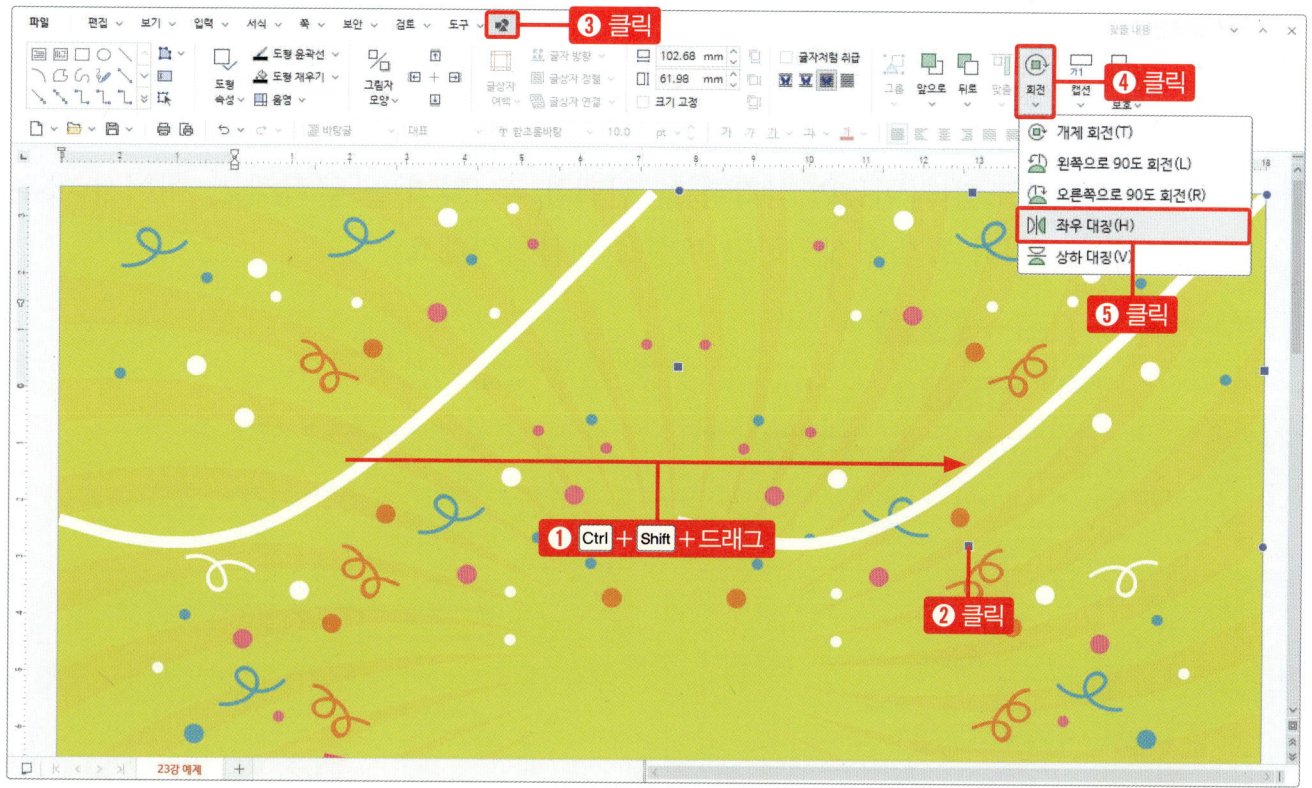

05 완성된 가랜드 끈을 확인해요.

미션 02 그리기 조각 이용하여 가랜드 완성하기

그리기 조각을 삽입하고 서식을 지정한 후 개체를 회전시켜 생일 카드를 꾸밀 가랜드를 완성해 봐요.

01 [입력] 탭-[그림( )]-[그리기마당]을 클릭하고 [그리기마당] 창이 나타나면 [그리기 조각] 탭-[기본도형]-[이등변 삼각형]을 선택한 후 [넣기]를 클릭해요. 이어서 마우스를 드래그하여 그리기 조각을 삽입하고 도형을 더블클릭해요.

02 [개체 속성] 창이 나타나면 [선] 탭에서 선 색['하양(RGB: 255,255,255)']과 굵기('2.00 mm')를 지정하고 [채우기] 탭에서 면 색['하늘색(RGB: 97,130,214) 40% 밝게']을 지정한 후 [설정]을 클릭해요.

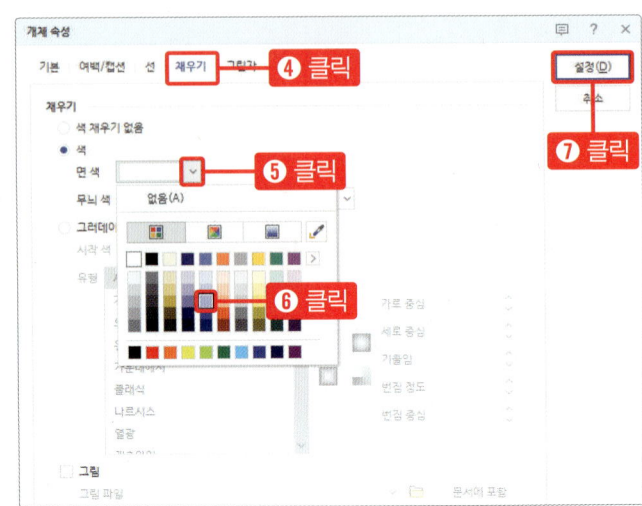

03 도형 서식이 적용된 '이등변 삼각형' 도형의 크기와 위치를 조절하고 [도형( )] 탭-[회전( )]-[개체 회전]을 클릭해요.

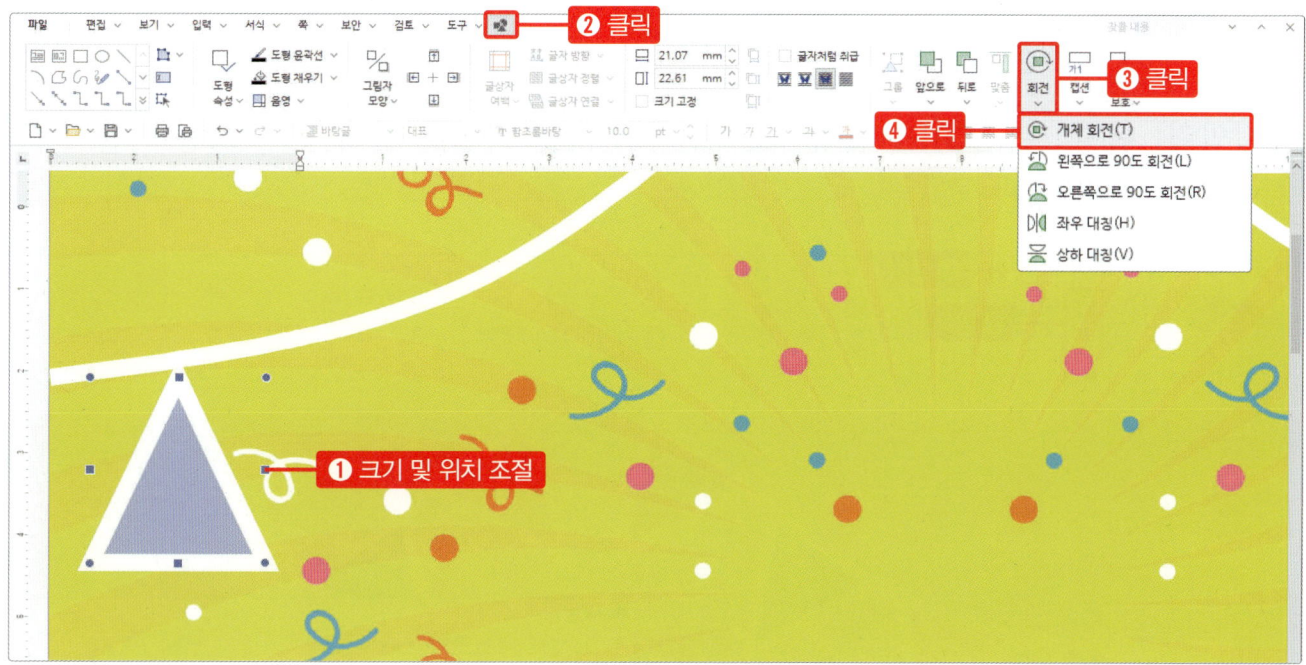

04 회전 조절점을 드래그하여 그림과 같이 도형을 회전시키고 위치를 조절해요.

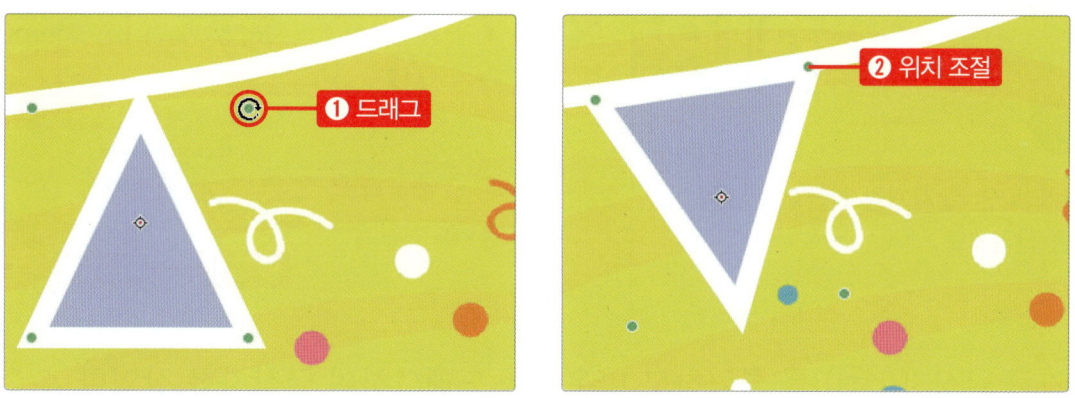

05 '이등변 삼각형' 도형을 복제하고 위치를 조절한 후 서식을 변경하여 그림과 같이 가랜드를 완성해 보세요.

미션 03 이미지와 글상자 삽입하여 생일 카드 완성하기

이미지와 글상자를 삽입하고 글상자에 생일 카드 내용을 입력하여 생일 카드를 완성해 봐요.

01 [입력] 탭-[그림( )]을 클릭하고 '이미지1.png' 파일을 불러온 후 그림과 같이 크기와 위치를 조절해요.

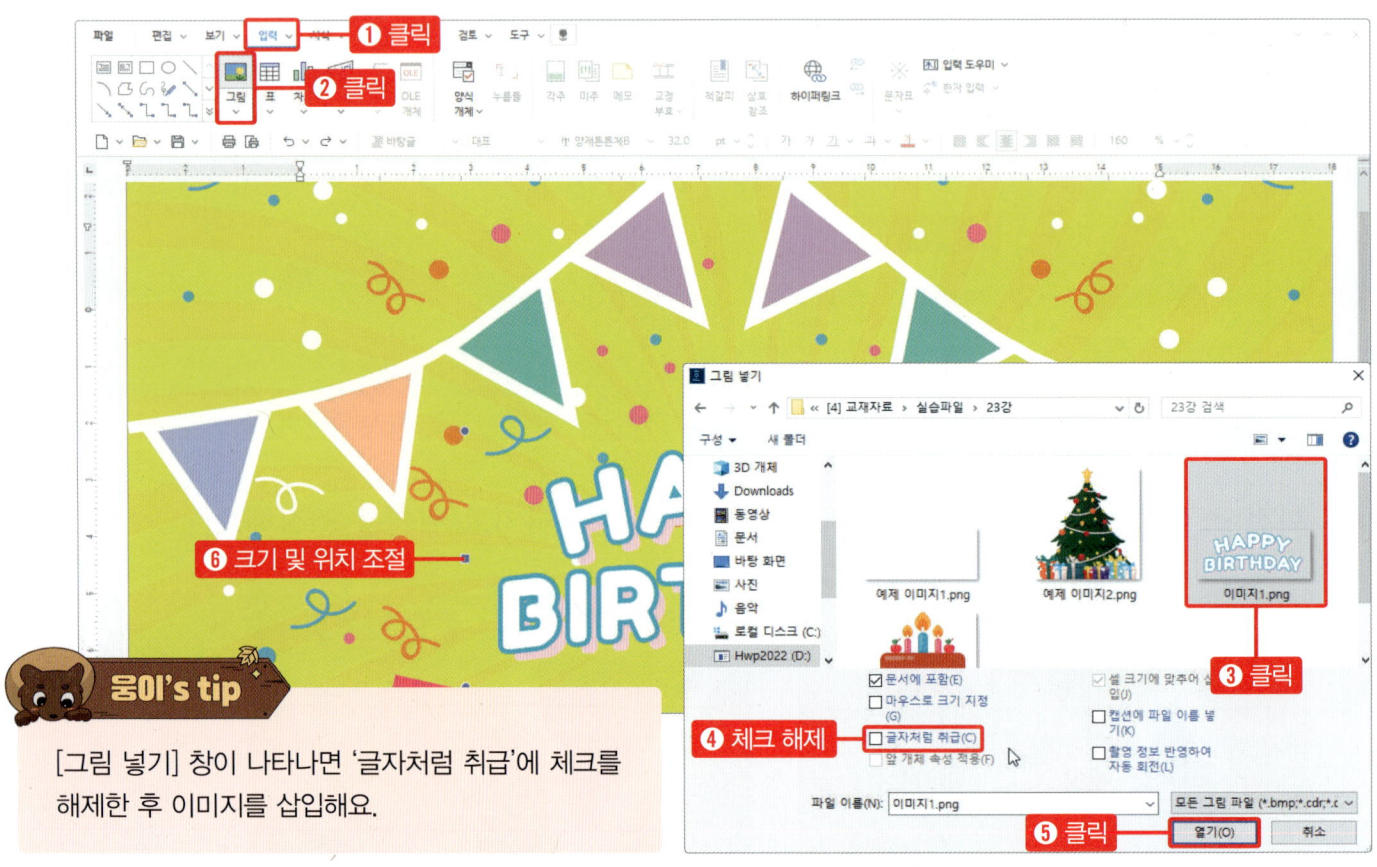

웅이's tip
[그림 넣기] 창이 나타나면 '글자처럼 취급'에 체크를 해제한 후 이미지를 삽입해요.

02 [입력] 탭-[가로 글상자( )]를 클릭하고 마우스를 드래그하여 글상자를 삽입한 후 "사랑하는 친구야 생일 축하해~"를 입력하고 글자 서식을 자유롭게 지정해요.

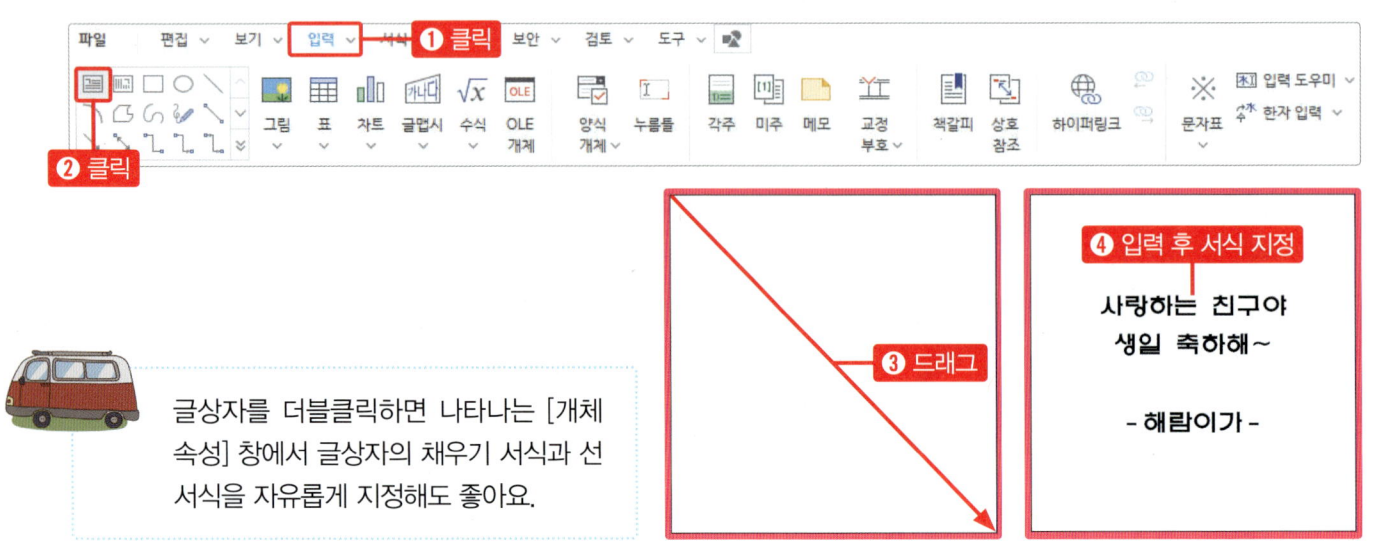

글상자를 더블클릭하면 나타나는 [개체 속성] 창에서 글상자의 채우기 서식과 선 서식을 자유롭게 지정해도 좋아요.

03 이미지를 삽입할 곳을 클릭하여 마우스 커서를 위치시킨 후 [입력] 탭-[그림( )]을 클릭하여 '이미지2.png' 파일을 삽입해요.

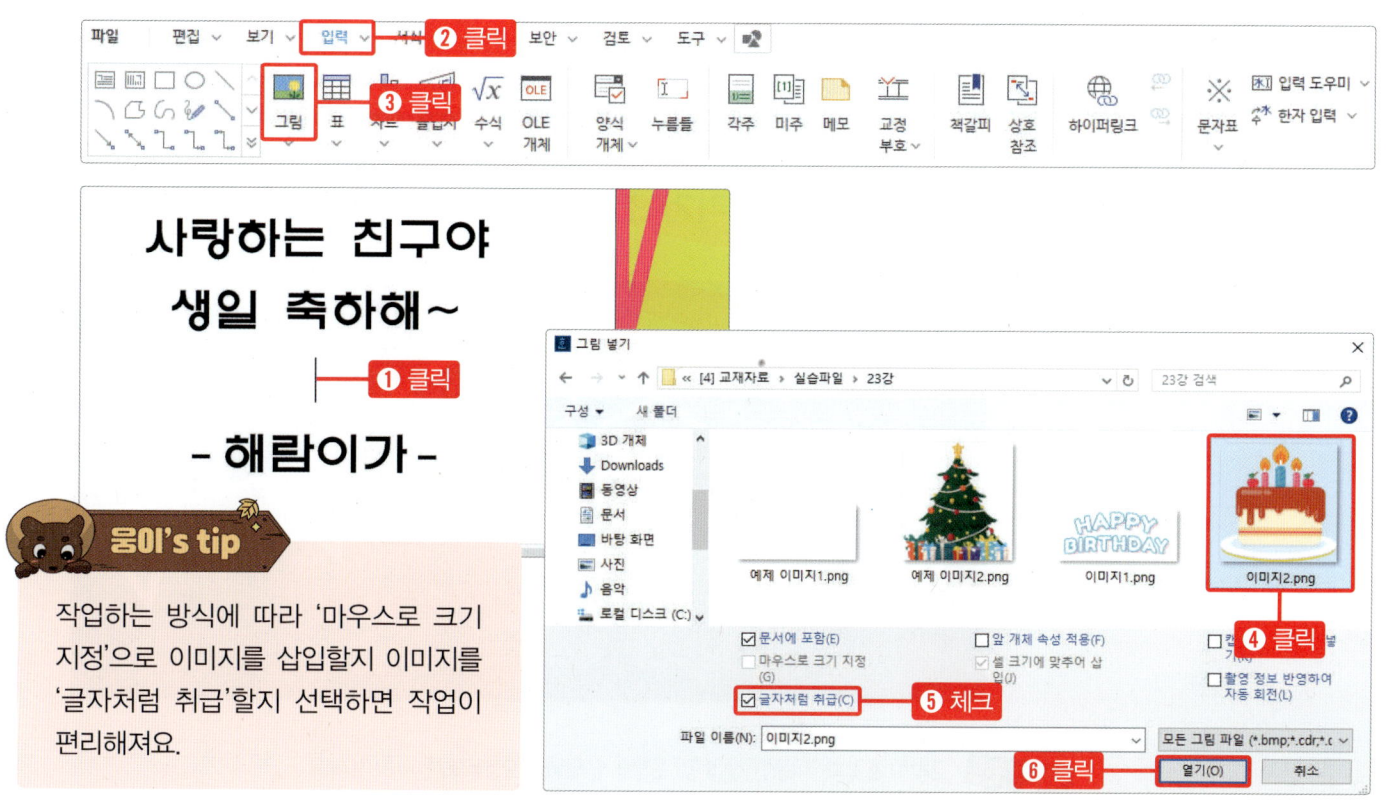

웅이's tip
작업하는 방식에 따라 '마우스로 크기 지정'으로 이미지를 삽입할지 이미지를 '글자처럼 취급'할지 선택하면 작업이 편리해져요.

04 완성된 생일 축하 카드를 확인해요.

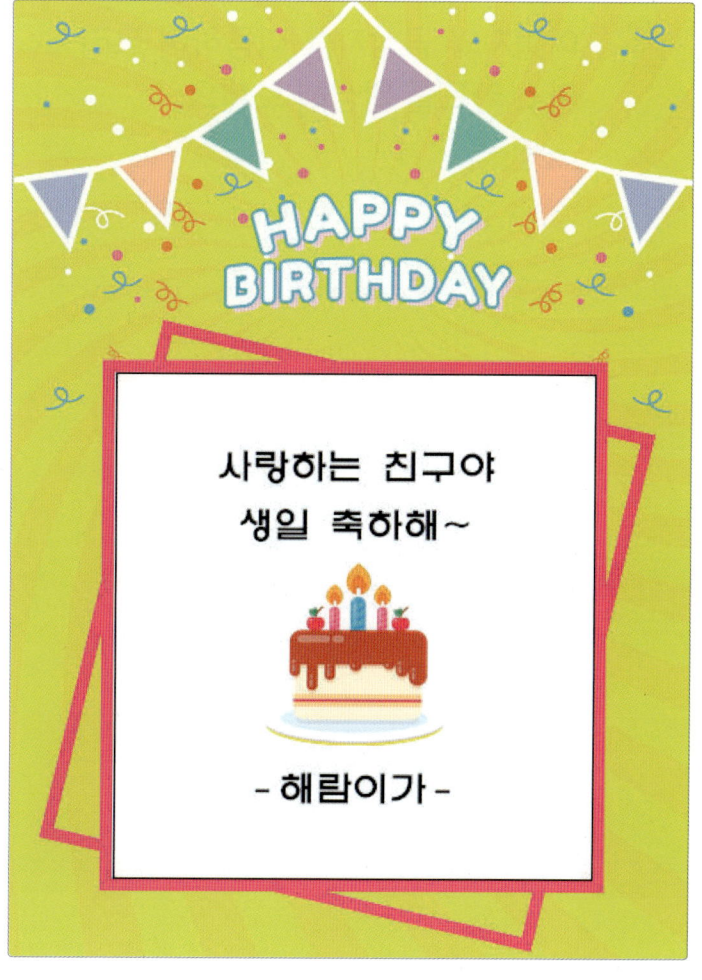

Step 23. 축하해! 생일 축하 카드 만들기 167

생각 쏙쏙 실력 쏙쏙

▶ 예제 파일 : 23강 폴더   ▶ 완성 파일 : 23강 창의 완성.hwpx

1 실습 파일을 불러와 곡선 도형과 그리기 조각을 이용하여 크리스마스 가랜드를 만들어 보세요.

짹짹힌트 그리기 조각의 '이등변 삼각형' 도형을 삽입하고 도형을 회전시켜 보세요.

2 이미지와 글상자를 이용하여 크리스마스 카드를 완성해 보세요.

Step 24. 요리조리 선물 찾기 코딩 대작전!

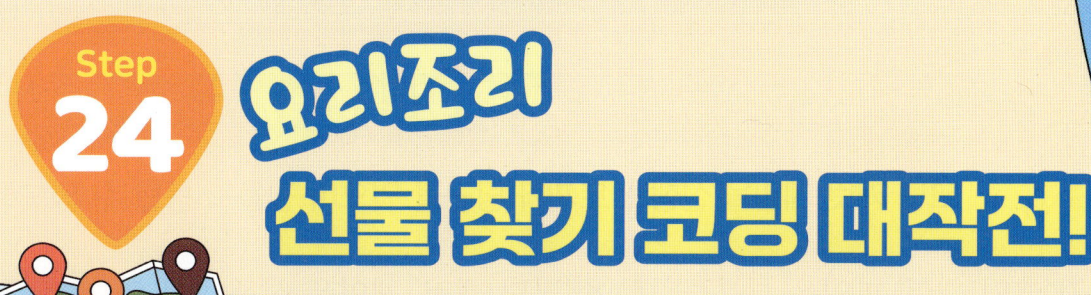

오늘은 무엇을 배울까요?

- 꼬리말을 삽입하고 꼬리말 서식을 지정해요.
- 이미지를 복사하고 붙여넣어 코딩 문제를 풀어봐요.

구글 '쏙' 게임 놀이

1. 구글 코딩 캐럿 게임을 실행해요.
2. 토끼가 당근을 먹으며 길을 이동하도록 코딩해요.

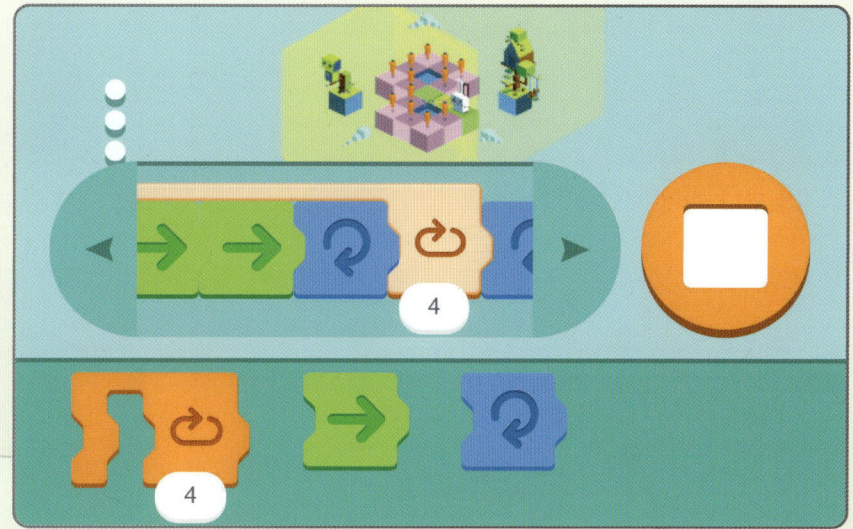

한글 창작 놀이

● 예제 파일 : 24강 폴더　● 완성 파일 : 24강 완성.hwpx

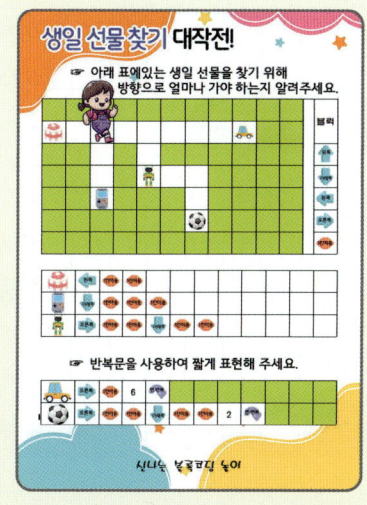

1. 꼬리말을 삽입하고 꼬리말 서식을 지정해요.
2. 이미지를 복사하고 붙여넣어 선물 찾기 코딩 문제를 풀어요.

 ## 구글 '쏙' 코딩 캐럿 게임 진행하기

코딩 캐럿 게임을 실행해 토끼가 당근을 먹으며 길을 이동할 수 있도록 코딩해 봐요.

'24강 코딩 캐럿' 파일을 더블클릭하여 '코딩 캐럿' 게임을 실행해 봐요.

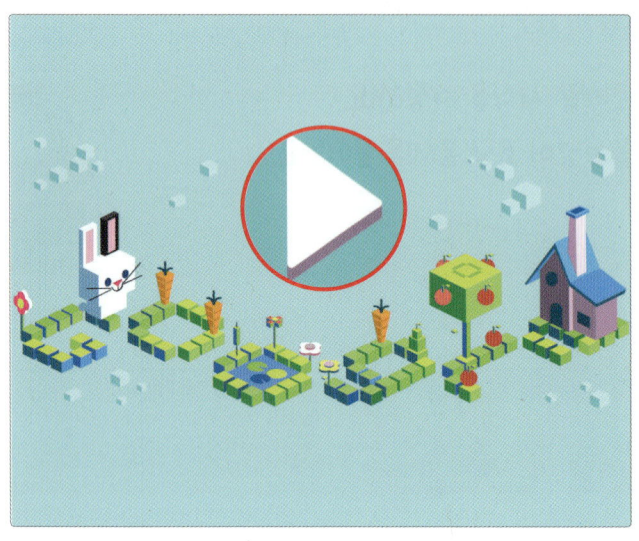

❶ 코딩 캐럿 게임 실행하기

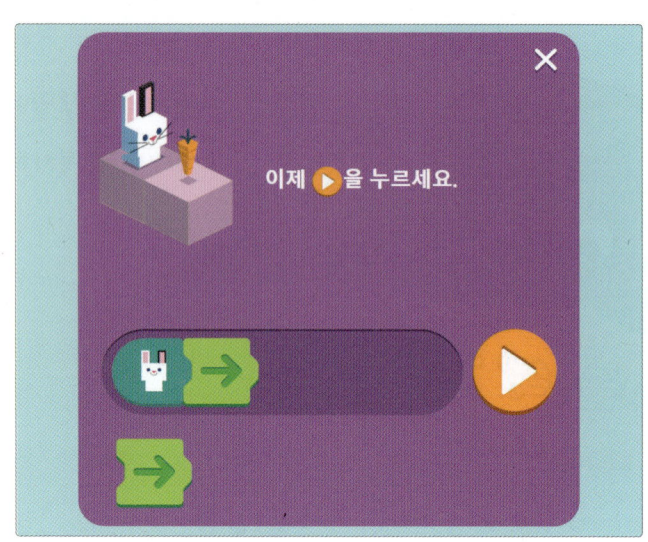

❷ 새로운 블록 연습하기

❸ 토끼가 당근을 먹으며 이동하도록 코딩하기

❹ 점점 복잡해지는 코딩 해결하기

'코딩 캐럿' 게임

구글의 코딩 캐럿은 어린이 코딩 50주년을 기념하기 위해 구글에서 서비스된 코딩 게임이에요. 토끼가 당근을 먹으며 이동하도록 코딩하는 게임으로, 게임을 처음 시작할 때 튜토리얼이 제공되어 코딩을 접해 보지 않은 친구들도 쉽고 간단하게 미션을 해결할 수 있어요.

미션 01 꼬리말 삽입하고 서식 지정하기

꼬리말을 삽입하고 꼬리말 서식을 지정해 봐요.

01 한글 프로그램(호)을 실행한 후 [파일] 탭-[불러오기]를 클릭하여 [불러오기] 대화상자가 나타나면 '24강 예제.hwpx' 파일을 불러와요.

02 [쪽] 탭-[꼬리말(≡)]-[모양 없음]을 클릭하여 쪽 하단에 꼬리말을 입력할 수 있는 상태가 되면 "신나는 블록코딩 놀이"를 입력해요.

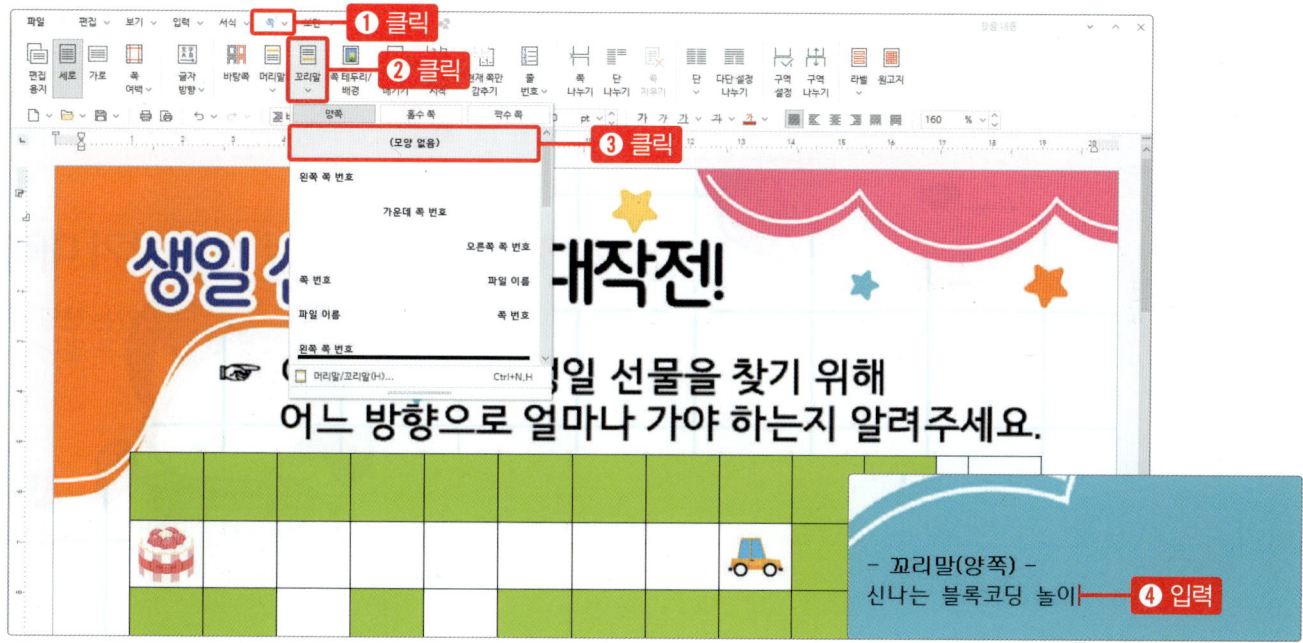

03 글자를 드래그하여 영역 지정하고 서식 도구 상자에서 글꼴('MD아롱체'), 크기('20pt'), 글자 스타일('진하게'), 정렬('가운데 정렬')을 지정한 후 [머리말/꼬리말] 화면을 닫아요.

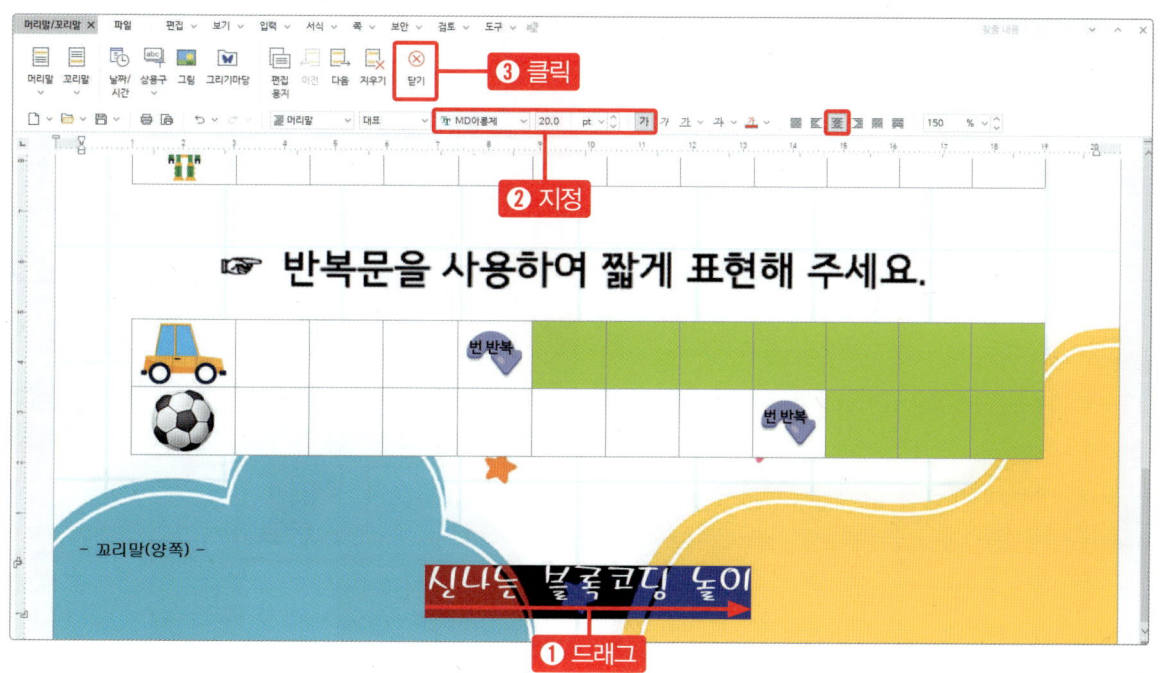

Step 24. 요리조리 선물 찾기 코딩 대작전! 171

 **이미지 복사하고 붙여넣어 선물 찾기 코딩 문제 풀기**

명령 블록 이미지 복사하고 붙여넣어 선물 찾기 코딩 문제를 풀어봐요.

01 [입력] 탭-[그림( )]을 클릭하여 '이미지1.png' 파일을 삽입하고 '이미지1'을 더블클릭해요.

02 [개체 속성] 창이 나타나면 [위치]에서 '글자처럼 취급'에 체크를 해제하고 '글 앞으로( )'를 선택한 후 [설정]을 클릭하고 크기와 위치를 그림과 같이 조절해요.

03 주인공이 '케이크' 선물을 찾으러 가는 과정을 표현하기 위해 오른쪽 '블록' 공간에서 '왼쪽' 이미지를 복사한 후 '케이크' 오른쪽 셀에 붙여 넣어요

웅이's tip
Ctrl + C 키를 누르면 개체를 복사할 수 있고 Ctrl + V 키를 누르면 개체를 붙여 넣을 수 있어요.

04 이어서 '1칸이동' 이미지를 복제한 후 그림과 같이 붙여 넣어요.

웅이's tip
주인공이 왼쪽으로 '2'칸 이동해야 '케이크'에 닿을 수 있어요.

Step 24. 요리조리 선물 찾기 코딩 대작전!

05 03~04와 같은 방법으로 주인공이 '게임기', '로봇'에 닿으려면 어떻게 이동해야 하는지 블록을 복사하고 붙여 넣어 문제를 풀어 보세요.

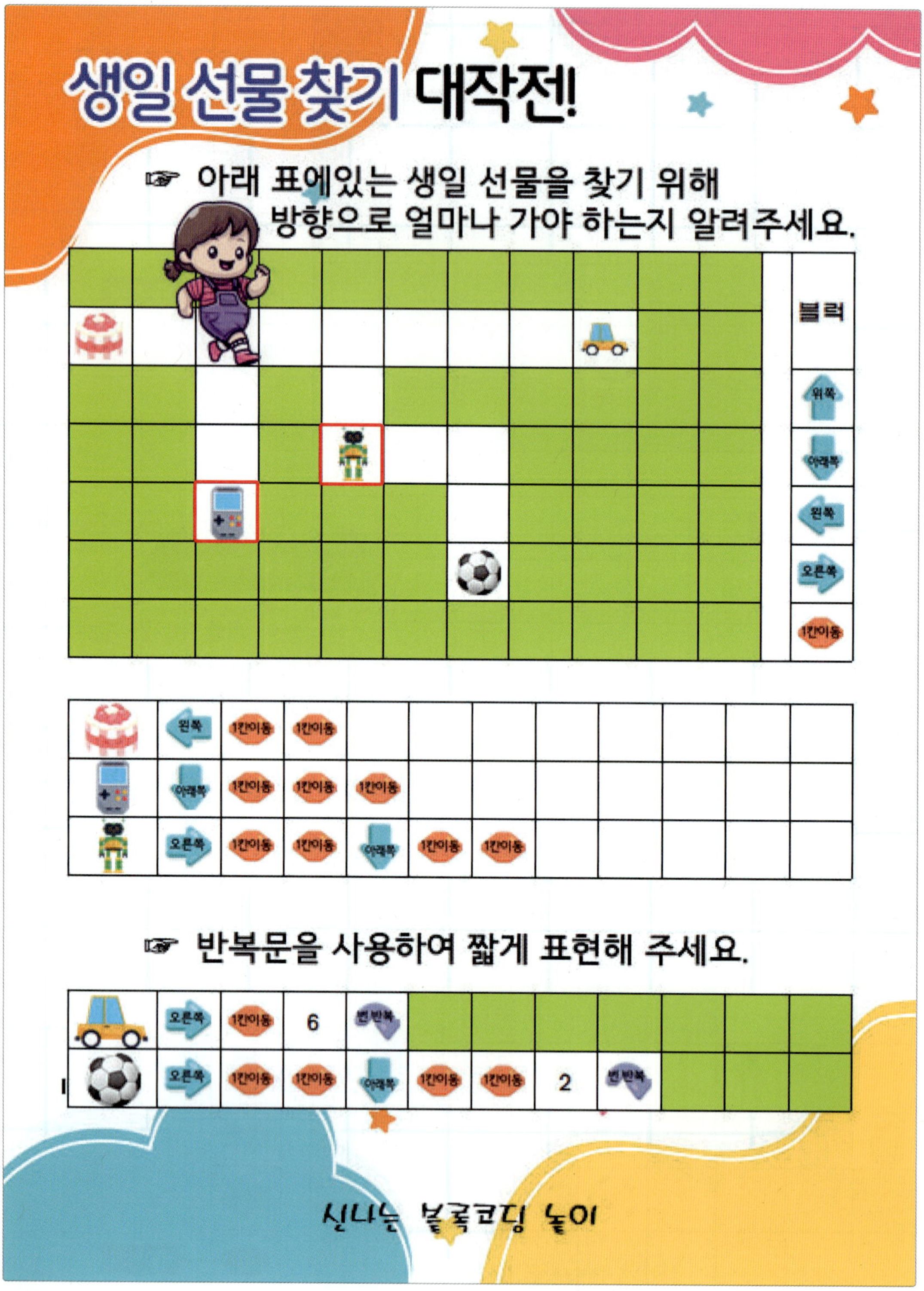

생각 쏙쏙 실력 쏙쏙

▶ 예제 파일 : 24강 폴더 ▶ 완성 파일 : 24강 창의 완성.hwpx

1. 실습 파일을 불러와 꼬리말을 삽입하고 꼬리말 서식을 지정해 보세요.

짹짹힌트 꼬리말 서식은 자유롭게 지정해 보세요.

2. 이미지를 삽입한 후 블록을 복사하고 붙여 넣어 서빙 로봇 코딩 문제를 풀어 보세요.

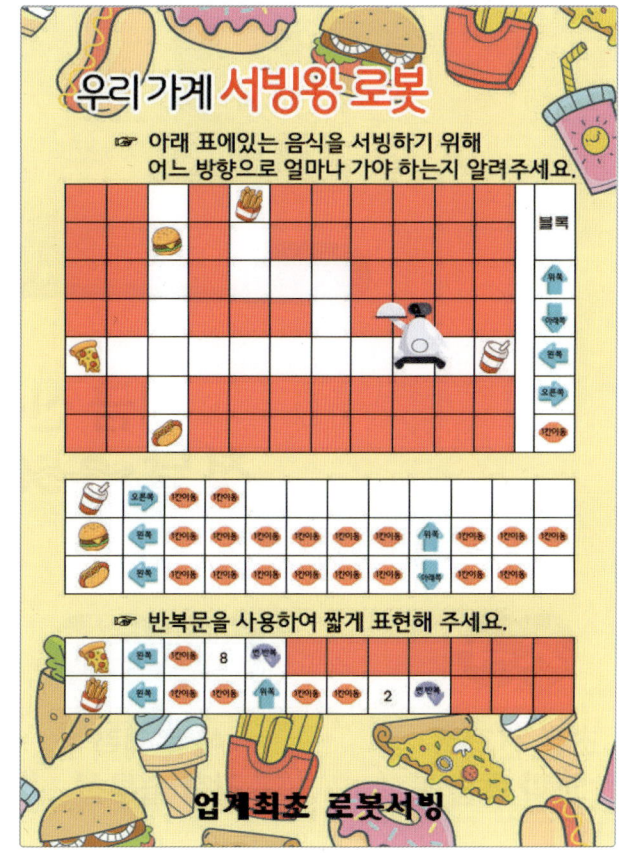

Step 24. 요리조리 선물 찾기 코딩 대작전! **175**

초등 전과목
디지털학습 플랫폼

디지털 초ㅋ

첫 달 100원
무제한 스터디밍

지금 신규 가입하면
첫 달 ~~9,500원~~ → 100원!

초등 전과목
교과 학습

AI 문해력
강화 솔루션

AI 수학 실력
향상 프로그램

웹툰으로 만나는
학습 만화

초중고 교과서 발행 부수 1위 기업 **MiraeN**